练好口才的第一本书

殷亚敏 / 著

民主与建设出版社
博集天卷

© 民主与建设出版社，2021

图书在版编目（CIP）数据

练好口才的第一本书 / 殷亚敏著. —北京：民主与建设出版社，2015.8
（2021.1重印）
ISBN 978-7-5139-0735-4

Ⅰ.①练… Ⅱ.①殷… Ⅲ.①口才学－通俗读物Ⅳ.①H019-49

中国版本图书馆CIP数据核字（2015）第202537号

练好口才的第一本书
LIANHAO KOUCAI DE DI-YI BEN SHU

责任编辑	程　旭
监　　制	于向勇
策划编辑	马占国
文案编辑	雷　腾
营销编辑	刘　健
封面设计	主语设计
出版发行	民主与建设出版社有限责任公司
电　　话	（010）59419778　59417747
社　　址	北京市海淀区西三环中路10号望海楼E座7层
邮　　编	100142
印　　刷	三河市中晟雅豪印务有限公司
开　　本	787mm×1092mm　1/16
印　　张	18
字　　数	220千字
版　　次	2015年9月第1版
印　　次	2021年1月第9次印刷
书　　号	ISBN 978-7-5139-0735-4
定　　价	52.00元

注：如有印、装质量问题，请与出版社联系。

前 言　PREFACE

练就好口才，从学会讲好话开始

20世纪最伟大的成功学大师戴尔·卡耐基曾总结道："一个人的成功，15%靠技术知识，85%靠口才艺术。"

在工作与生活中，我们常常能注意到这样一个事实：那些口才好的人，往往讨人欢心，获得很好的人缘，与同事相处融洽，深受领导赏识和喜爱，升职加薪，春风得意；而那些口才不好的人，则往往默默无闻，被人无视，或者因为不会说话、说错话而得罪人，影响自己与他人的关系，遭人记恨，到处碰壁，事事不顺。毫无疑问，口才是一个人成功的关键因素之一。

既然口才如此重要，那么，究竟怎样才能练就好口才呢？

实际上，大多数人之所以拥有好口才，都是因为经过了后天的专门训练。无数人通过亲身经历证明：只要掌握了正确的训练方法，平时勤加练习，并保持恒心，坚持不懈，假以时日，即使口才原来很糟糕，最终也可以练好，哪怕达不到可以当金牌主持人的地步，但在工作和生活中也能够游刃有余，应对自如。

第三届中国金话筒金奖获得者殷亚敏老师，根据自己35年的口才讲授经验以及万千学员的实战训练反馈，总结出了一整套具有中国特色、深受学员欢迎、易练习、见效快的口才训练方法。在这本书中，殷亚敏老师集中讲述了练好口才的第一步：讲好话的艺术。

讲好话，顾名思义，是指讲让人开心、欢喜的话，以夸奖人的话为主。只有学会了讲好话，口才初学者才能迅速取得成效，赢得他人的认可，进而树立自信，为进一步提升口才能力打好基础。

学习掌握讲好话的正确方法和技巧，对于提高口才，迅速拉近与他人之间的距离，改善人际关系，进而赢得认同、说服他人，都大有裨益。如亲人之间、朋友之间、师生之间、企业领导与员工之间、业务经理与客户之间，甚至陌生人之间，只要是有说话、有沟通的地方，都离不开讲好话这一门艺术。

本书具有三大特点：第一，接地气，收录了中国语境下最常使用的口才技巧，比如，怎样夸奖陌生人？如何回应别人的夸奖？怎样变批评为夸奖？第二，易练习，总结出了一套经过实战检验的完美训练方法，如循序渐进法、"一简二活"训练法、"双一"训练法、"三夸"练习法、逢新夸奖法、"二传手"夸奖法等；第三，超实用，一看就会练，一练就有效，可以帮助读者在短时间内切实提高口才。

亲爱的读者，不管你从事什么职业，不管你的年龄是大是小，只要你想让亲情更亲，友情更深，沟通更顺畅，人际关系更融洽，人生更加快乐和幸福，那么相信这本书一定会让你受益！

只要打开这本书读一读，根据书中的训练方法和技巧抽空练一练，奇迹或许就会在你身上发生！

目录 CONTENTS

第一章 讲好话,首先要学会面带微笑

一、对人微笑,让人"三悦一自信"·002

二、对人微笑,对自己有六大好处·009

三、为什么大多数人不爱微笑·024

四、怎样练习微笑·026

五、关于微笑练习和读者的问答·031

第二章 好话的十二种讲法

一、夸奖他人,激发斗志,拉近距离·036

二、尊重他人,切勿出语伤人·039

三、表达感谢,感动他人,化敌为友·041

四、懂得感恩,更要学会说感恩的话·043

五、关心他人,随时随地送友善·046

六、体谅他人,换位思考·049

七、善于鼓励,让他人树立信心,走出低谷·052

八、赞同别人,会让你成为赢家·055

九、表达信任,沟通心灵·057

十、表示谦虚，必能受益·060

十一、夸奖他人，表达商量·061

十二、不说发脾气的话·064

第三章 讲好话，分境界、顺序、深度、对象

一、境界：初级、中级、高级·070

二、顺序：先夸、中夸、后夸·074

三、深度：夸外表、夸能力、夸品质·082

四、对象：单夸、双夸、群夸·087

五、最需要讲好话的三类人：领导、亲人、教师·091

第四章 我们为什么要讲好话

一、讲好话存在"两律"现象·104

二、讲好话对听者有六大好处·109

三、讲好话，最大的受益者是自己·123

四、不讲好话带来"五没"·137

目录 CONTENTS

第五章 不会讲好话的八大误区

一、性格耿介，以直为傲，不会夸·150

二、清高傲慢看不起人，不屑夸·155

三、分不清夸奖与拍马屁，不敢夸·158

四、认为亲人、好友之间用不着夸，不必夸·162

五、认为夸了就会翘尾巴，不能夸·165

六、自认没掌握夸奖技能，不善于夸·170

七、以为对方不喜欢听，不好意思夸·173

八、嫉妒心强，不肯夸·177

第六章 讲好话要遵循的九条原则

一、好心原则·180

二、准确原则·191

三、纵比原则·195

四、平等原则·197

五、一致原则·200

六、新意原则·201

七、"骨肉"原则·204

八、恒夸原则·206

九、三思原则·208

第七章 如何掌握讲好话的方法

一、讲好话，怎样学·212

二、找优点，怎么练·217

三、九种诀窍，助你练习讲好话·231

第八章 变批评为夸奖的九种方法

一、先夸后批·252

二、以夸代批·253

三、变批为夸·254

四、明夸暗批·256

五、先抑后扬·257

六、幽默代批·258

七、期望代批·259

八、你夸他，他自批·260

九、贬己代批·261

目录 CONTENTS

第九章 听了夸奖的话，应该如何回应
一、不会回应的几种表现·264
二、微笑、感谢、自谦·265

附录 关于讲好话常见的30个问题·273

练好口才的第一本书

第一章 讲好话，首先要学会面带微笑

先给大家出一道思考题：

人际交往中有个一用就灵的法宝，这个法宝具备四个特点：一是简单，二是易做，三是不花钱，四是世界通用。请问这个法宝是什么？

有人回答：微笑。没错，正是微笑！

在所有人际交往的方法中，微笑是唯一具备这四个特点的方法。通过长期的教学，我发现微笑是实现良好沟通交流最核心的方法，也是投入产出比最高的方法。

对于沟通对象来说，微笑的作用是让人"三悦一自信"。"三悦"是悦目、悦耳、悦心。

一、对人微笑，让人"三悦一自信"

1. 微笑让人悦目

微笑让人悦目，就是指微笑可以让他人从视觉上感觉舒服，心里感到愉悦。

- **王石两张照片的启示**

我每次上演讲课，说到微笑可以练胆时，都会让学员看王石先生的这两张照片，然后我会问一个问题：哪一张照片上的王石更有魅力？

大家异口同声地说：右边的王石。

同一个人的照片，为什么我们会喜欢右边的这张？

答案是：微笑。

先看右边这张：王石嘴角上扬，露出牙齿，眉毛舒展，眼角微微上挑，眼睛发亮，俨然是一个富有魅力的世界企业家形象。

再看左边这张：王石双唇紧闭，嘴角下垂，眼角下垂，眼睛无神，看起来是个再普通不过的普通人。

我们从中可以得出一个结论：微笑才有魅力，才能吸引观众。

星云大师曾说："一束鲜花不如一个微笑；微笑是世界上最美丽的色彩。"

● 乔布斯始终在微笑

韩国作家金炅泰在他的《他是如何说服听众的：乔布斯演讲会1》一书中写到，在乔布斯走上台说出第一句话之前，首先映入人们眼帘的是他的微笑。大家从他的表情中就可以看出，他今天非常高兴，因为在他脸上看不出丝毫的紧张。他在演讲之前，会面带微笑将目光投向听众席上的每个角落，对前来听他演讲的听众表示欢迎，然后才开始说第一句话，这让听众备感温暖。

微笑是紧张胆怯的克星。你微笑了，观众就会认为你从容自信；你不笑，观众就会觉得你很紧张。

我们常说："这个人很有魅力。""魅力"是什么意思？"魅"是吸引，"力"是力量，合起来就是吸引人的力量。一个人要想具有吸引力，方法有很多，但微笑绝对是获得魅力最简单、最直接的方法：你只要坚持微笑，就有魅力；不笑，就没有魅力。

当你站在台上，尚未开口就先面带微笑时，就已经展示出了你的魅力，吸引了观众的眼球。正如雨果所说："微笑就是阳光，它能消除人们脸上的冬色。"

我让学员微笑之余，自己更会言行一致，先微笑。在讲课时，我会始终保持微笑，既营造了良好的氛围，又给学员留下了深刻的印象。

我曾在一所大学给新入职的教师做讲话能力培训，一位大学老师上完我的课后写道："殷老师授课总是时刻保持微笑，比如教我们向观众问好的时候一定要面带微笑，微笑的时候嘴角要上扬，眉毛要舒展，眼睛要笑眯眯，这样就能给观众留下良好的印象。殷老师的笑容就非常有感染力！"

还有学员说："殷老师的'殷氏招牌微笑'，给我们留下的印象太深了。"

中央电视台《晚间新闻》节目曾经对北京市有关部门在学生中所做的一项调查进行了报道，该项调查的主题是"你最喜欢什么样的老师"。90%以上的学生说：我最喜欢微笑着给我们上课的老师。

2. 微笑让人悦耳

微笑让人悦耳,就是说人在微笑时声音会奇迹般地变得好听,从听觉上吸引人。

• 为什么要背对着招收接线员

汪洋的《一切从微笑开始》一书里讲了一个背对着招聘员工的故事。

这个故事的主人公是一个叫艾莱儿的普通美国女孩,她既没有背景,也没有技术专长,当美国联合航空公司招聘员工时,她抱着尝试的心态,带着微笑走进了面试间。

面试开始时,主考官背对着艾莱儿说话,她不明白为什么。虽然如此,她还是自信地回答完了主考官提出的所有问题。

最后主考官转过身告诉她,她所要从事的工作需要借助电话来完成,包括机票的预订、取消、更换或确定航班等事宜,自己之所以背对着她,不是因为无视她的存在,而是为了清楚地听出她的声音里是否融入了微笑。

主考官得到了满意的答案,艾莱儿顺利地通过面试,被录用了。

从此,艾莱儿在岗位上,通过电话让顾客们感觉到她的微笑一直伴随着他们,让他们如沐春风。

• 主持人爱笑才有听众缘

真诚的微笑,的确是可以听出来的。

我是广播主持人出身,深知声音甜美对于广播主持人有多么重要。有些主持人本来自身嗓音条件很好,既清脆又响亮,但听起来冷冰冰的,反而让听众讨厌;有些虽然声音条件一般,但听起来甜美亲切,大受听众欢迎,"粉丝"如云。甜美的声音从何而来?并不都是天生的,关键看你爱不爱笑。你只要一微笑,声音马上就会变得甜美;只要一冷漠,声音就会变得冷冰冰的,听众马上就能听出来。

我曾给电信公司呼叫中心的工作人员做过培训，发现他们有一个误区，那就是在训练声音亲切悦耳时，往往只是从声音入手，忽视了对笑容的训练，所以我就把微笑训练作为重点，教给他们微笑的练习方法，要求他们每天练习微笑。等他们把微笑练成了习惯，工作时声音自然就变得悦耳亲切了。

我在做演讲培训，讲到微笑可以练胆时，都会让学员做一个对比练习：

我先皱着眉头说："各位领导、各位来宾，大家好！"然后再微笑着说一遍。结束之后，我问学员哪种声音悦耳，学员都异口同声地说："微笑时声音悦耳。"

说一千道一万，不如现场练一练，请读者按照以下示例做个试验：皱着眉头说说"各位领导、各位来宾，大家好！"然后再微笑着说一次，并用手机把两次的声音录下来，然后听听录音，看哪一遍的声音悦耳。

3. 微笑让人悦心

• 马云微笑面对恒大输球

微笑会让对方感到心情愉悦，下意识地喜欢你。

马云刚入股恒大不久，受恒大老板许家印之邀到广州天河体育中心观看恒大主场作战的比赛。为了鼓励恒大球员积极奋战，他一掷千金，慷慨地设了一个2000万元的"男人奖"，承诺不管比赛结果如何，都会奖给恒大球队表现最出色的球员。

在本场比赛中，恒大球员拼死力搏，但战斗到最后，还是没能踢进第三球，最终被西悉尼球队淘汰。比赛失败，对于恒大来说很不光彩，许家印很没面子，一脸落魄。但马云一脸轻松，因为他看到了恒大球员的拼搏精神，尽管他们输了球，但达到了自己赛前的要求，当比赛结束的哨声响起时，马云面带微笑，双手举过头顶，为恒大球队鼓掌。

作为新来的老板，马云初次观战就遇到自己的球队失败，按理说应该面子上挂不住，感觉很下不了台才对，但他并没有恼羞成怒，而是用微笑坦然面对自己球队的失败，尽显大帅风度，给恒大球员们留下了很好的第一印象。他们放松心情，减小压力，反躬自省，以备再战。

● 微笑面对"垃圾人"

什么是"垃圾人"？一位网名叫"中外比上"的网友写了篇文章，表达了自己的看法。

他在这篇文章中，讲述了他跟朋友××在车道上行驶时，遇到一辆黑色轿车突然从停车位开出，正好挡在他们前面。××立即踩刹车，刚好闪开那辆车，两车之间只隔了几厘米。对方司机大吼大叫，××只是微笑了一下，对他挥了挥手。

这位网友问××刚才为什么那么做，因为对方差点毁了××的车，还可能伤害到他们。

××解释说，很多人就像"垃圾人"一样，充满负面情绪：嫉妒、算计、仇恨、沮丧、愤怒、傲慢、偏见、抱怨、贪心、比较、愚昧、无知、烦恼、报复等等。当他们心里的垃圾越积越多时，他们就会找个地方倾倒。有时你刚好碰上了，垃圾就倒到你身上了，所以，你无须介意，只要微笑，挥一挥手，远离他们，然后继续走自己的路就行，千万别在接收了他们的"垃圾"之后，再倾倒给自己的家人、朋友、同事或其他路人。

这位网友把他的朋友××说的这番话总结为"垃圾人"定律，并说快乐、成功的人绝不会让"垃圾人"接管自己生活中的任何一天。人生短暂，绝对不要在这些事情上浪费心思和精力。

生活中我们往往都会遇到莫名其妙被人欺负的情况，如果以恶言对恶言，会让自己不开心；自己不开心，往往会把气撒到家人和朋友身上。

那位开车的朋友××说得好，以微笑面对"垃圾人"，让自己一直保持愉悦的心情，自己心情好了，自然就会感染和影响家人、朋友，让他们也有好心情。

● 你手上的报纸会给谁

博主小影儿在她的博客里讲述了一个普通人微笑的故事。故事里说，她每天上班出地铁站时，都能看见两位老人在回收报纸。第一位守在下地铁刚要上电梯的位置，当有人从他旁边经过时，他都会把手伸向对方索要报纸，脸上没有任何表情，让人觉得有些反感。

第二位老人每天守在电梯的出口处，当有人把报纸递给他时，他会很诚恳地说声"谢谢"，同时露出亲切的笑容。有位乘客手里拿着报纸，在经过第一位老人时，尽管这位老人把手臂伸向她，但她并没有把报纸给他，而是在下电梯时给了第二位老人。

奇怪吗？不奇怪。如果是你，你会怎么做？我想，你大概也会下意识地把报纸送给那位面带微笑的老人吧。

想一想，在我们的生活中是不是每天都在发生类似的事情？对方一个微笑吸引了你，让你舒适、开心，从而将信任的天平偏向对方。

4. 微笑让人自信

微笑代表着对对方的肯定，所以能给对方带来自信。

● 给孩子自信

著名留学专家高燕定从他女儿高倩五岁那年起，就经常对她说："哈佛是世界上最好的大学，你一定要上哈佛！""上哈佛！爸爸希望你上哈佛，你一定要上哈佛！从哈佛毕业后当律师！"

高倩当时还小，听不懂这些话，但高燕定不管这么多。他认为，应该从孩子小的时候起就给她灌"迷魂汤",反复强调哈佛的了不起之处,让哈佛深入她的意识深处,让她时时刻刻想着上哈佛。如果等她成年了再鼓励她上哈佛,当律师,那就迟了,她不会听。

1989年,高燕定和朋友一起旅游时,特意带着高倩去了哈佛一趟,想让女儿受到哈佛的熏陶,鼓励她立下读哈佛的志向。进了哈佛之后,他们去了行政楼,楼前立着哈佛先生高大的铜像。高倩嚷嚷着要跟哈佛先生的铜像合影,很多大人都开玩笑说,她站在高大的塑像前显得太小了,还是不要合影了。高倩这时七岁,但人小志不小,她深信自己将来一定能上哈佛,昂首挺胸地说:"别看我现在小,再过十年来哈佛读书就不小了!"一听这话,其他大人都觉得这孩子口气太大了,哄然大笑,只有高燕定对她露出赞许的微笑。

旁人笑话自己不要紧,父亲的微笑让高倩更加坚定了上哈佛的志向。高倩十岁生日那一天,高燕定举着摄像机给她录像,让她说出自己的愿望,她开口就是:"我要上哈佛,我要成为一名律师……我肯定,我行!"

高倩的语气坚定,眼神坚毅。高燕定深感欣慰,他知道自己对女儿的栽培已经见效了。

当孩子信心不足时,用微笑给她肯定,为她打气,一定能带给她动力,让她朝着梦想勇往直前。

● **给考生自信**

在网上看到一位北京大学汇丰商学院MBA考生谈自己面试的经历,感觉很有益,跟大家分享一下。

这位网友说自己面试结束后出来,心花怒放,连鞠躬都忘了。因为整个过程都很放松,她的注意力高度集中在回答老师的问题上,都忘了紧张。

老师们都很好,很和蔼,这位网友每次回答完问题,他们都会笑着点点头,让她信心大增,觉得老师对她的回答比较满意,整个面试过程中气氛一直都很好。

她记得自己好像面试了17分钟,丝毫没察觉到时间的流逝,最后张院长说 time's up（时间到了）时，她意犹未尽，觉得整个过程像是老师在陪着她练口语。

为什么这位网友面试前很紧张，面试中反而不紧张了？因为老师的笑容让她放松、自信了。所以，你的笑容就是别人的镇静剂。

二、对人微笑，对自己有六大好处

在与人沟通时，面带微笑可以给自己带来六大好处：好声音、好头脑、好身体、好人缘、好运气、好气场。

1. 微笑让你拥有好声音

微笑可以让说话人的声音变得好听。这里重点说说为什么微笑可以让声音变得好听。

● 微笑能让人气息通畅

第一点，人在一紧张或生气时，鼻孔就会收缩，呼吸的管道就会变窄，呼吸就会不顺畅；而微笑时，嘴一咧开，鼻孔自然张大，呼吸的管道会变宽，气息顺畅，马上气沉丹田。

第二点，人在紧张时，全身肌肉就会紧张，导致呼吸不畅。一微笑，面部、颈部、肩部、胸部、腹部就放松了，呼吸就变顺畅了。

● 微笑能让人声音圆润

微笑时，颧骨的肌肉向上拉，口腔自然就打开了，共鸣腔就变大了，声音有共鸣，自然就圆润了。

我在做演讲培训的时候，经常有学员问我："老师，面带微笑，对唱歌是不是也有帮助？"

隔行如隔山，微笑对唱歌是否有帮助，以前我真不敢说。可是，最近在看了一段视频之后，我可以很肯定地告诉大家：微笑对唱歌非常有帮助。

为什么我这么肯定呢？因为这是大名鼎鼎的金铁霖教授的观点。中国最著名的歌唱家宋祖英、阎维文等都是金老师的学生。

金老师在声乐教学的视频中，专门介绍了他发明的微笑声乐练习法。他说演唱时从头到尾保持微笑状态，就可以让上颌、软腭、颞颌关节以及咽喉部处于适合发声的积极状态，从而使声音进入高位置，容易产生靠前明亮的音色，获得很轻松的声音。这对于那些声音过重、音色过暗的人来说，是非常行之有效的克服办法。

如果在歌唱时笑不起来，一定是舌根或软腭、咽喉部分有一种不协调的劲，压着咽喉所产生的后果。这就要求歌唱者要找到生活中微笑的状态，把笑肌抬起来，每个音都能带着微笑去唱，就能达到相对协调，久而久之就能养成一种硬、软腭同时抬起的习惯，告别咽喉紧张。

这跟说话有异曲同工之妙，无论是讲话还是唱歌，只要面带微笑，就能获得好声音。

● 微笑让人吐字清晰

先问大家一个问题：微笑时，上唇是绷紧的还是放松的？答案是绷紧的。

绷紧有什么好处？可以让吐字更清楚有力。为什么？因为吐字是否清楚，关键看双唇是否有力。微笑时，嘴唇向两边咧开，双唇的肌肉拉紧，吐字就清楚了。

常言说，笨嘴拙舌。拙舌，就是舌头僵硬。人一紧张，舌头就会僵硬。而微笑时，舌根后缩，舌头放松，自然就会变灵活了。

微笑还可以治疗口吃，因为口吃的关键原因是舌头僵硬，一微笑，舌头自然就放松了，说话就不会口吃了。有一位读者看了我的《21天掌握当众讲话诀窍》后，说他的一个亲戚口吃，问我怎样才能解决这个问题。我告诉他，我没有专门做过这方面的实验，但建议他通过练习微笑试一试：每天练习说100遍"引"字。

一个月后，他给我回信，说他的亲戚现在能微笑着说话了，口吃大有好转。我听了这个消息之后很欣慰。

2. 微笑让你大脑反应变快

微笑能让你大脑放松，反应变快，思如泉涌。

在事态紧急时，人容易紧张，一紧张，大脑就会一片空白，很难想出好办法。如果能微微一笑，大脑瞬间放松，就能迸发灵感，想出办法。成语"谈笑风生"形容谈话时有说有笑，兴致很高，并且很有风趣，不正证明了笑的重要性吗？

给大家讲两个笑中生智的故事：一个是杨澜的"狮子滚绣球"故事，一个是史玉柱妙解"企业家"的故事。

• 杨澜的"狮子滚绣球"

20世纪90年代初，杨澜应邀在广州主持第九届大众电视"金鹰奖"颁奖文艺晚会。在报幕退场时，杨澜下台阶不小心被绊了一下，"扑通"一声跌倒在地，场内顿时一片哗然。出乎他们意料的是，杨澜从容地站起来，笑容可掬地说："真是人有失足、马有失蹄啊！我刚才狮子滚绣球的节目滚得还不够熟练吧？看来这次演出的台阶不那么好下，但台上的节目很精彩。不信，瞧他们的。"

话音刚落，全场观众为她机敏的反应报以热烈的掌声，有的观众还大声喊：

"广州欢迎你！"

正是杨澜这可掬的笑容，让她大脑放松，灵感突现，妙语脱口而出。如果她神经紧张，惊慌失措，一定会大脑空白，张口结舌。

● 史玉柱妙解"企业家"

史玉柱在一次接受记者采访时，记者问："史先生，众所周知，您是位成功的企业家，那么，请问您是怎么理解'企业家'这个词的呢？"

史玉柱想了一下，微笑着说："创业不是件容易的事，心里想的事多，身上累得病多，前半夜睡得着，后半夜睡不着，总是'起夜'，这就是我理解的'起夜家'。"

史玉柱幽默的回答，博得一片喝彩。

史玉柱将"企业家"和"起夜家"谐音配对，进行形象生动地阐述，这种回答看似轻松，实际上道出了企业家取得成功的秘诀：就是要付出比别人更大的努力，挥洒更多的汗水。然而现实是一面哈哈镜，很多人只看到别人的成功，不知道这些成功背后隐藏着鲜为人知的辛酸和痛苦。史玉柱饱尝艰辛，历经磨难，破茧成蝶，终于建立了一个叫"企业"的"家"，这也是一位真正的"企业家"所必须经受的磨砺和必经的奋斗历程。

史玉柱能如此机智幽默，将企业家巧妙地比喻为"起夜家"，微笑功不可没，因为一微笑，大脑才能放松，负责幽默的右脑才能发挥最大的作用。

上面这两个故事，都是先有微笑，后有妙语。这绝非偶然，而是规律。如果一个人神经紧张，就会大脑空白，惊慌失措，说出话来就会漏洞百出，更别说妙语连珠了。

我们可以对生活多加留意，那些能说出妙语的人，大多是面带微笑的人。

● 微笑与"回春法"

为什么微笑能让人消除紧张，说出妙语呢？因为人一微笑，整个脸部肌肉就会放松，太阳穴处的肌肉也会随之放松。

太阳穴是头部的重要穴位，《达摩秘方》中将按揉太阳穴称为"回春法"，认为常用此法可使大脑青春常驻，让人返老还童。一微笑，就相当于给太阳穴按摩，使大脑放松，脑供血充沛，思路畅通无阻，才有可能即兴发挥。如果一脸严肃，脸上的肌肉就会紧张，太阳穴也会绷紧，大脑就会紧张、供血不足，什么也想不起来。

再从潜意识理论讲，妙语连珠属于灵感思维，灵感思维是潜意识的产物，潜意识只有在人放松时才会工作，紧张时潜意识是不肯工作的。人一微笑，大脑才会放松，潜意识才肯开始工作，说话才会妙语连珠。

3. 微笑让你身体好

微笑对身体的好处是内外两方面的：对内，让血压平稳；对外，让皮肤变好。

先说说微笑对血压的好处。

● 微笑让你血压平稳

我亲身做过一个微笑与健康之间关系的试验。

单位组织去一家医院做年度体检，量完血压，我灵机一动，寻思着能不能做个微笑与血压的实验。看量血压的人不多，我就向护士提出了这个想法，请她先在我微笑时量一次血压，再在我发脾气时量一次血压，看看两次血压有什么变化。

护士很善解人意，爽快地答应了。

第一次给我量血压时，我面带微笑，反复念"引"字，量完的结果是低压。

第二次量时，我皱着眉，瞪着眼，反复说"气死我了"，量完的结果是低压 80。

这个小试验让我亲身体会到微笑能带来"好身体"。微笑能让人的血压平稳，发怒则让血压升高。天天发火，血压就会天天升高，最后变成高血压；天天面带微笑，血压天天平稳，就不容易得高血压了。

不花钱，不吃药，只要养成微笑的习惯，就能让自己健康长寿，上哪儿找这样的好事呢？

● 微笑让你皮肤变好

微笑可以让人的皮肤收紧，变好，更显年轻。

我在博客上专门发了一篇文章，表达自己对"笑一笑，十年少"的理解。

常言说"笑一笑，十年少"，这话究竟有没有道理？我专门研究了一下，发现确有道理。

具体说来，主要体现在三个方面：一是皮，二是气，三是神。

我们先说"皮"。微笑可以让皮肤不松弛。年少和年老的区别在哪里？从外观角度讲，就是皮肤松不松弛：年龄大了，皮肤就松弛；年轻，皮肤就是紧绷绷的，不松弛。

如果年老的人想让自己显得年轻一点，就要让皮肤由松变紧。怎样让皮肤由松变紧，使自己返老还童呢？医学界发明的除皱术是一种很有效的方法。

百度百科上对"除皱术"是这样解释的：是指由于面部皮肤松弛下垂，通过药物、物理等方法治疗无效时，采取的使面部皮肤提紧、皱纹减轻消除的面部年轻化手术。

除皱术的效果立竿见影，但身体发肤受之父母，通过手术的方式让自己变年轻，终归不是让自己年轻十岁的最佳方法。那最佳的方法是什么？就是微笑。说了半天，就是想说明，微笑是最省钱、最绿色、最环保的返老还童术。

微笑，就是最好的脸部皮肤提紧除皱术，因为只要一微笑，整个脸部肌肉就会上提、收紧。我们从下往上就微笑对脸部肌肉的影响做具体分析：

第一，上提、收紧脸的下部肌肉。一微笑，嘴角自然上翘，下巴的肌肉就会往上提，脸的下半部肌肉就收紧了。

第二，上提、收紧脸的中部肌肉。一微笑，笑肌提起，两腮的肌肉就会自然上提收紧。

第三，上提、收紧脸的上部肌肉。微笑时，眼角会往上提，从而使眼部上提收紧。脸的上部肌肉就自然上提，绷紧。微笑让人眉开眼笑。眉头一打开，两眉中间的"川"字形皱纹就没了。你看，一微笑，整个脸部的肌肉就能往上提，这不就是改变肌肉松弛最好的办法吗？如果你将微笑变成习惯，天天面带微笑，天天将脸部肌肉收紧，就会显得比同龄人年轻，"笑一笑，十年少"真的会在你身上应验。久而久之，效果堪比整容、美容。

说完了"皮"，我们接着说"气"。微笑可以让人气色好，气色好了，人才会显得年轻。细琢磨起来，"气色"两个字很有意思，气色指的是脸色好，为什么把"气"放在前面呢？因为"气"和"色"是因果关系，气息通畅了，血液循环才会好；血液循环好了，脸色才会白里透红，才叫气色好。怎样才能让气息通畅呢？就要是微笑。人不笑，气息就是僵滞的，而微笑时，鼻孔自然张大，进气的管道瞬间打开，气息一下子就沉到丹田，同时全身放松，气血通畅，脸色自然就好了。

说完了"气"，我们说"神"。神就是眼神明亮，有精神，让人看上去年轻。人的精神气，主要表现在眼睛上。人不微笑时，眼神通常显得呆滞，而微笑时，眼角上提，眼部肌肉拉紧，眼睛自然就显得明亮有精神。

我的一位学生在期末作业中举了一个微笑让人年轻的例子，说她第一次在课堂上听我讲到练习说"引"字时，如同久旱逢甘霖，惊喜地发现原来自己也可以笑得很自然。于是，她每天都对着镜子练习说"引"字50遍，平时也时时刻刻提醒自己默念"引"，慢慢地就变成了一种习惯，每天都面带微笑。

过了半个月，她身边的朋友都跟她开玩笑："你最近是不是遇到了什么好事？不然为什么每天都像捡了钱一样，笑容满面？"最让她惊喜的是，有一天，一个大三的学弟跟她搭讪，问她是不是大一的学生。这时，她发现原来笑容不仅可以让一个人变得随和，还可以让人变得年轻。

有人说天天微笑，眼角的皱纹会增多。我天天微笑，但我观察自己的眼角，发现皱纹并不算很多。初次见到我的陌生人，大多会对我已经退休这件事感到吃惊，总会把我的年龄减去十岁。

我觉得，退一步讲，即使微笑之后眼角皱纹真的增加了，但微笑能让你心情舒畅，身体健康，皮肤收紧，孰重孰轻不是不言自明吗？

4. 微笑让你人缘好

● 微笑女王吴小莉

主持人都特别希望有观众缘。有观众缘的主持人，收视率就高；没有观众缘的主持人，收视率就低。

有没有观众缘，最重要的就是看你会不会微笑。

凤凰卫视当家花旦吴小莉深受观众喜爱，究其原因，与她的微笑密不可分。一位叫杨晓丹的作者在一篇名为《美丽新招：嘴角上扬操》的文章中说："荧屏上，凤凰卫视著名主持人吴小莉的形象总是让人感觉特别亲切，富有感染力。有人一语道破'天机'：她的嘴角总是上扬的，看上去脸上始终有一抹微笑，显得自信、美丽，令人愉悦。"

其实，吴小莉的这一制胜法宝，每一个缺乏观众缘的主持人只要努力就能拥有，那就是微笑。只要每天练习微笑，脸上的肌肉曲线就会整体上扬，让你看上去自信、开朗，这样，观众一定会喜欢你。

● 十二次微笑让恶缘变善缘

我在一家航空公司给乘务长做口才培训时，听到一个真实的故事。飞机起飞前，一位乘客请求空姐给他倒一杯水吃药，空姐礼貌地说："先生，为了您的安全，请稍等片刻，等飞机进入平稳飞行状态后，我会立刻把水给您送过来，好吗？"

15分钟后，飞机进入了平稳飞行状态，乘客的服务铃声突然响起。空姐猛然意识到：糟了，刚才由于太忙，忘记给那位乘客倒水了！空姐马上赶到客舱，看见按响服务铃的果然是刚才那位要水的乘客。她只好赶紧把水送到那位乘客跟前，微笑着说："先生，实在对不起，由于我的疏忽，耽误了您吃药的时间，很抱歉。"

这位乘客指着手表质问她："怎么回事？有你这样服务的吗？"

空姐心里很委屈，但无论她怎么解释，那位乘客都不肯原谅她。

在接下来的飞行途中，为了将功补过，空姐每次去客舱时，都会特意走到那位乘客面前，微笑着问他是否需要水或者别的什么帮助，但那位乘客余怒未消，摆出一副拒不合作的态度，对她没有好脸色。

快要抵达目的地时，那位乘客要求空姐把留言本给他送过去。此时空姐虽然很委屈也很担心，怕他在留言本上投诉自己，但仍然不失职业道德，礼貌而且面带微笑地说："先生，请允许我再次向您表示真诚的歉意，无论您提出什么意见，我都将欣然接受您的批评！"那位乘客想说什么但没说，接过留言本后，在本子上写了起来。

等飞机降落后，空姐以为这下完了，没想到，等她打开留言本时，发现那位乘客写下的并不是投诉信，而是一封表扬信。

是什么让这位挑剔的乘客最终放弃了投诉空姐呢？在信中，空姐读到这样一句话："在整个过程中，你表现出的真诚的歉意，特别是你的十二次微笑，深深打动了我，我最终决定将投诉信写成表扬信。你的服务质量很高，下次如果有机会，我还将乘坐你们这趟航班。"

故事中的空姐面对乘客的抱怨和不满时，没有表现出不愉快的脸色，而是用十二次微笑化解了这场危机，让恶缘变成了善缘，这种做法很理智。

5. 微笑让你运气好

● 贵人只在你微笑面对的人中出现

只有常微笑的人才有好运气。为什么呢？因为微笑符合"镜子原理"：你对镜子微笑，镜子中的你就对你微笑。生活中也是如此，当你对别人微笑，并恭敬有礼，别人就会马上对你微笑；当你横眉冷对一个人，别人也会横眉冷对你。

我曾给学生讲过一个"贵人法则"：贵人只在你微笑面对的人中间。为此，我专门讲了一个记者的亲身经历。

有位记者告诉我，去特区工作是他事业的一个重要转折，正是特区火热的生活让他的新闻作品在全国连连获奖。而能去特区，完全是拜一位仅有一面之缘的朋友帮忙所赐。

1987年，他在内地一个地级市报社当记者，偶然一次机会，到武汉参加一次业务交流会，认识了武汉的一位报社记者，这位记者后来调到了特区报。当时他也希望到特区工作，就冒昧地给这位开会时认识的记者写了封信，希望他能帮忙把自己介绍到特区报工作。最后就是这位朋友牵线搭桥，让他如愿调到了特区。

他说这位朋友当时之所以帮自己，就是因为自己第一次跟那名记者见面时给他留下的印象很好。所谓印象好，其实就是因为自己爱笑，看起来面善。

在大千世界里，我们和很多人都只有一面之缘，而珍惜一面之缘的最好办法，就是学会微笑着面对你见到的每一个人。你不知道谁是你的贵人，但贵人一定在你微笑面对的人中间。

人生需要贵人相助，但谁是你的贵人呢？60岁的时候你回头看，会很清楚地知道谁是你的贵人，但你刚刚大学毕业走上工作岗位时，无法知道谁是你的贵人。

不知道不要紧，只要你用微笑面对每一个人，善待每一个人，他们中肯定有你的贵人。

● 微笑助她考上了研究生

这个"贵人法则",很多学生都记在了心里,开始自觉练习微笑。一位学生通过一个学期练习微笑,没想到微笑竟然帮助她考上了研究生。她在期末作业中记述了这件事。

她说自己到香港中文大学考研,面试时想到了我强调的"笑定",于是一直微笑着回答面试官提出的问题,化解了自己和他们之间的隔膜。她说自己的英文不是很流利,但还是在众多学生中脱颖而出,以优异的成绩被录取了。

她记得面试结束时。一位老师对她说:"I like your smile,you looks so kindly and cute!"意思是,我喜欢你的笑容,你很亲切很可爱!

说来也不奇怪,因为内地的大学生都不爱微笑,突然出现了一个爱微笑的学生,自然会鹤立鸡群,给面试官留下亲切可爱的印象。

● 微笑带来好婚姻

有种女性被称为"冷美人",指的是那些长得很漂亮,但态度高傲、表情冷淡、让人不敢接近的女子。

美人一冷,往往婚姻就不太顺利;而那些爱笑的女性,往往婚姻顺利,家庭幸福。

美国迪堡大学心理学教授马修·赫滕斯坦研究发现:不爱笑的女性,离婚者比爱笑的女性多五倍。他解释,满脸笑容的人,生活满意度更高,心态更积极,能吸引与自己一样快乐的伴侣。

要证明这个结论的正确性,中国内地女演员陶虹就是最好的例子,因为她很爱笑。《婚姻与家庭》杂志曾经报道,2012 年 12 月,陶虹主演的电视剧《买房夫妻》在北京卫视热播,她的老公徐峥首次执导的喜剧电影《人再囧途之泰囧》也票房大卖,狂收 12 多亿元票房。夫妻双喜临门,陶虹在接受采访时心情极佳,有问必答,有说有笑,一如从前。当被问到"你幸福吗"时,她满脸笑容,很肯定地回答："我很幸福。"

陶虹爱笑，众所周知。只要一说起她，大家最先想到的是她那双笑眯眯的眼睛，让人看着很舒服。有人说只要她一笑，世界都笑了。在很多影视作品中，她也总是用这种笑容传递她豁达、乐观的生活态度。

陶虹是个很随和的人，她嘴里总是冒出各种新鲜词，因为她喜欢接受新鲜事物，总能给自己找乐子。而且，陶虹对快乐的理解也与常人不同，她说："我觉得快乐与别人没什么关系，快乐来源于自己。要快乐首先得自信，不自信的人不可能快乐。"

因为这份自信，陶虹和丈夫徐峥生活中总是充满快乐。陶虹常常遇到让自己乐不可支的事。有一次，一名快递员给陶虹送东西，刚开始他没认出这是大名鼎鼎的明星，直到陶虹签字时才猛然看出来，激动得大喊："小龙女，你是电视里的小龙女？哎呀妈呀，我见到真的了！"这一句话，让陶虹一下子想起小沈阳在春晚的小品《不差钱》中喊出的那句"哎呀我的妈呀，毕老师来了，你咋出来了呢？我的妈呀！"，顿时忍俊不禁。

● 蔡礼旭老师因微笑巧遇贵人

蔡礼旭老师在讲解《弟子规》时，讲过一个自己对长辈谦恭有礼、面带微笑、巧遇贵人、终身受益的故事。

蔡老师说，有一次他去澳大利亚学习中国传统文化，在学习《弟子规》时，其中有一句"事诸父，如事父；事诸兄，如事兄"，意思是侍奉别人的父母，也要跟侍奉自己的父母一样恭敬；对待别人的兄长，也应该跟对待自己的兄长一样恭敬。蔡老师学习之后感受很深。

有一天，蔡老师回到寝室，看到有七八位长辈在里面，就一位一位开始问候。有一位长者比蔡老师的父亲年纪还要大，蔡老师马上微笑着说"唐伯伯，您好！"，然后鞠了一个躬。蔡老师抬起头来一看，这位长辈笑得合不拢嘴，说坐飞机飞了几万里，还收了一个侄子，很高兴。后来蔡老师又微笑着问候旁边一位长辈："陈叔叔您好！"这时突然有一个叔叔跑过来，他说："我也要，我也要。"事后蔡老师才知道，这个叔叔很有智慧，他是要来给年轻人创造机会，所以自己跑过来当叔叔。

蔡老师微笑着说："卢叔叔您好！"这个躬鞠下去之后，蔡老师的人生发生了巨大的变化。隔天下午其他人都不在，只有这位卢叔叔跟蔡老师在房子里，卢叔叔马上把他叫到客厅坐下来，跟他聊了两个多小时。

这一聊才知道，卢叔叔曾经是雅马哈的总裁，雅马哈是一家生产电子琴、钢琴的公司，他领导着八万员工。蔡老师瞠目结舌，只恨自己有眼不识泰山，但蔡老师也就此明白，越有能力的人越谦卑，越有涵养。

当时，他把自己的人生经验和智慧无私地跟蔡老师分享，给他指导。其中有一句话蔡老师印象最深，他说一个人如果想提高自己的道德修养，就要记住一句话："对待自己，要赶尽杀绝；对待别人，要与狼共舞"。意思是说，发现一个缺点，就要竭尽全力把它改过来，要有赶尽杀绝的决心；对别人应该多多宽恕，多替对方着想，所以要厚道三分。

在两个多小时的过程中，蔡老师全神贯注地聆听，听完之后，他的情绪很激动，心里充满了感恩，随即向他鞠躬致谢。

从那天以后，每天吃完早饭、中饭、晚饭，蔡老师都和他散步、聊天、分析，这样被手把手教了两个月。

蔡老师认识卢叔叔已经很多年了，无论蔡老师有什么疑惑，只要打一个电话给卢叔叔，卢叔叔就会非常认真地跟蔡老师分享经验，并谆谆教导他。他如醍醐灌顶，少走了很多弯路。

大道至简，真正的大道理都是最简单的。只要你满怀真诚地对人露出一个微笑，表达恭敬之情，你就会经常遇到贵人，你的人生就会发生很大变化。

蔡老师的成功，就是源于他对人的真诚和恭敬，并把它用灿烂的微笑表达出来。

• 相逢一笑泯恩仇

我们常说"相逢一笑泯恩仇"，看了下面这个故事，相信你就会对这句话有更深刻的理解了。

　　《小王子》的作者安东尼·圣·埃克苏佩里不仅是一位杰出的作家，还是一名优秀的飞行员。"二战"前，他参加西班牙内战，与法西斯分子英勇作战，不幸被俘。

　　在监狱里，狱警就像凶神恶煞，对待犯人很凶暴。安东尼认为自己第二天会被拖出去枪毙，内心惶恐不安。他想抽烟，排解排解自己的恐惧，翻遍口袋终于找到一支香烟，但找不到火柴，于是鼓起勇气向狱警借火。狱警递给他打火机，一脸冷漠。安东尼回忆狱警帮自己点火时，他们的眼神无意中交接到了一起，他冲狱警微笑了一下。他也不知道自己为什么会有这样的反应，在那一瞬间，这抹微笑像太阳一样融化了他们心灵之间的冰山。狱警的嘴角不自觉地也露出了笑意，点完火后并没有立刻离开，而是盯着他看，脸上仍带着微笑。他也以笑回应。他感觉狱警看他的眼神已经不像原先那样凶恶了。

　　之后，两人大聊特聊，当聊到思念家人和不久就要被处死时，安东尼的声音渐渐哽咽。狱警大受感动，大发恻隐之心，打开狱门，带着安东尼抄小路越狱了。

6. 微笑让你气场强大

　　什么叫气场？气场是指一个人的气质对周围的人产生的影响。微笑就是最佳气场。

　　在我的讲话培训课中，很多学员会问我在台上怎样有气场。我说微笑就是你最好的气场，然后给他们讲了下面这个故事。

　　日本江户时期，一位著名茶师的主人要去京城里办事，他舍不得离开茶师，就说，你跟我去吧，每天好给我泡茶。那时候浪人、武士四处出没，形势很乱。这个茶师很害怕，说，你看我又没有武艺，咱们路上遇到危险怎么办？他主人说，没关系，你打扮成武士的样子，提一把剑不就完了吗？跟我走吧。于是，那位茶师只好换上一身武士的衣服跟着主人走了。

到了京城，主人去办事了，茶师自己在外面乱逛，不幸碰上了一个浪人。浪人上前就挑衅他，说，你也是武士？那咱俩比比剑吧。这茶师只好老老实实地说，我只是个茶师，不懂武功。浪人得寸进尺，说，你既然不是一个武士，穿着武士的衣服，就有辱武士的尊严，我更应该跟你比，你更应该死在我的剑下。茶师一想，也是啊，于是跟他讲，你看我主人交给我的事还没办完，你宽限我几小时，今天下午我跟你还约在这个池塘边见面。那个浪人想想就答应了，说那你一定要来。

然后，这个茶师就走了，直奔京城里面最著名的大武馆，进去一看，所有想要学剑的人都在门前排着长队。他来不及等，拨开人群就冲了进去，直接冲到大武师的面前跟他说，请你教我作为武士最体面的一种死法。武馆的主人当时就惊呆了，说，所有来我这儿的人都是为了求生，你是第一个求死的，为什么？

他说，我是个茶师，只会泡茶，但我今天遇到一个浪人要跟我决斗，我不能不跟人家决斗，我想死得有尊严一点。

武馆的主人说，既然你是一位有名的茶师，那好吧，你为我泡一次茶。

茶师很伤感，想了想，这可能是自己在世界上最后一次泡茶了，得很用心地去泡。他面带微笑，从容地看着泉水在小炉上烧开，把茶叶放在里面，洗茶、滤茶，然后一点一点地把茶倒出来，端给这家武馆的主人。

这位武馆主人就一直看着他泡茶，看完后喝了一口茶，说，这是我一生中喝到的最好的茶，但在这个时刻，我可以告诉你，你已经不必死了。

茶师问，你要教给我什么？他说，我无须教你什么，你只要记住，用泡茶的心去面对那个浪人。

于是，茶师回到浪人跟他约定决斗的地方，一看，那个浪人已经在那儿等着他了。浪人很嚣张，拔出剑来，说，你回来了，那我们就开始比武吧。

茶师琢磨着武馆主人那句话，要以泡茶的心面对浪人，所以他并不着急，而是微笑着看着对方，从容地取下自己头上的帽子，端端正正放在旁边，然后解开身上宽松的外衣，一点一点叠好，压在帽子下，然后拿出绑带把自己里面衣服的袖口扎紧，再拿出绑带把裤腿也扎紧，从头到脚，一点一点地装束自己。整个过程中，他一直气定神闲。对面这个浪人越看越惶恐，因为不知道他武功有多深，被他的眼神和笑容吓得心虚起来。

这个茶师装束完毕，拔出他的剑来"嗖"的一声挥向半空，大喝一声，然后，动作便停在了那里，因为他也不知道再往下该怎么做了。

没想到，这个浪人"扑通"一声给他跪了下来，说，求你饶命，你是我这辈子见过的武功最高的人。

茶师将内心的勇敢与镇定都化为微笑，不战而屈人之兵，这就是微笑的气场。茶师不是靠横眉冷对、装腔作势，而是以柔克刚、兵不血刃地征服了对手。

当你面对台下观众时面带微笑，他们能不被你折服吗？

回忆我的主持和讲课经历，40 岁之前，我并不知道微笑对气场这么有用，所以那时登台往往比较严肃，也没有人说我有气场。自从 40 岁时明白了微笑的极端重要性之后，我每次登台时都面带微笑，所以后来同行和观众都夸我在台上的气场特别强大。

三、为什么大多数人不爱微笑

既然微笑有这么多好处，那为什么大多数人都不爱微笑呢？

1. 不爱笑是由于家庭影响

我在教学中发现，很多人之所以不爱笑，除了中国人喜怒不形于色的民族性格这个因素外，还有家族遗传的因素，大多数人不爱笑是父母影响造成的。我曾经调查过很多严肃不爱笑的学员，一问他们不爱笑的原因，他们都说是家庭影响。父母不爱笑，孩子长期耳濡目染，自然也不爱笑。

蔡礼旭老师在讲《弟子规》时曾经说："家庭教育对孩子的影响非常大。有位母亲，脸上从来没有一点笑容。她骑摩托车送孩子上学，我跟她打招呼，她都没有什么反应，我往后座一看，这个小朋友的表情跟她妈妈的几乎是一个模子刻出来的。"

我的一位学生对此做过很精彩的分析，她说自己是一个很爱笑的人，因为她曾经听过别人夸奖过她，说看到她就很欢乐，原因是她经常笑。这跟她的家庭环境也有关系，因为她的家人都很爱笑，这种家庭传统深深地影响了她。

她的室友是一个不爱笑的人，她曾问过对方为什么不爱笑，对方的回答是自己家里人都不爱笑，自己也不认为有什么事值得笑。

一对比，她发现家庭对孩子的成长有很重要的影响。虽然孩子在成长的过程中，在人际交往中，也会受到别人一定的影响，但远远比不上家庭对他们的影响深远。她说如果她以后有孩子，一定会教他（她）笑，让笑容伴随着他（她）成长。

2. 想学微笑，苦无方法

我在教学中发现，领导者对微笑的重要性大多有深刻的认识，但对于怎样练习微笑，他们常常束手无策。

有一次，一位开发区的主任告诉我："殷老师，当领导的不会笑，让我很苦恼。我仔细分析过，我们家的人都不爱笑，父亲母亲、兄弟姐妹都不苟言笑，一脸严肃。见同事见下属，我的内心很热情，可是别人看起来都觉得我很冷，对我能躲就躲。我现在急切地想学微笑。"

我还接触过一位保险公司的女老总，人长得五官端正，但她也为自己缺乏笑容而苦恼。她说她父亲是位大学教授，不爱笑，站在讲台上，一脸愁苦，在这种耳濡目染中，她们姊妹几个也都不苟言笑。

这确实是个难题，有人会问：微笑可以练习吗？怎样练习呢？

下面一章就专门谈这个问题。

四、怎样练习微笑

练习微笑的诀窍，总结起来就是两个字和一个绕口令。两个字是"引"和"笑"，一个绕口令是《四是四》。

1. 练习两个字："引"和"笑"

为什么要练习说"引"字呢？第一，眉开；第二，嘴咧。

• 眉开眼就笑

真笑和假笑的区别在哪里？眼睛。

眼睛是心灵的窗户，眼睛笑，说明心在笑。如果只是嘴笑、眼不笑，说明笑得很勉强，是干笑、冷笑、皮笑肉不笑。

怎样让眼睛笑？我们来对着镜子做个练习：先把眉毛皱起来，皱成一个

"川"字，这时脸上是什么表情？苦相。这叫"愁眉苦脸"，先"愁眉"，后"苦脸"。

再把眉毛舒展开，这时脸上是什么表情？喜庆相。这叫"眉开眼笑"，"眉开"是因，"眼笑"是果。

通过这个对比练习，我们可以发现，真笑的关键在于眉毛。眉一舒展，眼自然就笑。而"引"字是第三声，读的时候，眉毛自然就舒展了，笑时的肌肉状态自然就出来了，所以，我才建议大家练习说"引"字。

● **咧嘴露牙齿**

常言说，笑得合不拢嘴。真正微笑时，嘴一般是咧开的。而读"引"的音时，嘴自然就咧开了，牙齿就露出来了。

你看，练习说"引"这个字，眉毛舒展了，嘴咧开了，微笑的肌肉状态就全出来了。天天坚持练习，笑肌就形成了肌肉记忆，微笑就变成了习惯。

下面是两位学生练习说"引"字的体会，大家可以看一看：

学生甲：老师说我笑容很僵硬，从那以后，我就坚持对着镜子练习说"引"字。虽然有时自己也觉得很滑稽，但一想到会有好看的笑容就坚持下去了。开始练的时候，笑肌会觉得很酸，练了一个学期，效果出来了，现在一上台，自然就面带笑容了。

学生乙：以前的我，无论是在老师面前还是在同学面前，都会被别人说："你怎么那么严肃？""你好凶！""你看起来是一个很凶的学长！"这一点我早就知道，我很早就想摆脱这种形象了。只有常微笑的人才有好运气，一个天天面无表情、冷漠对人的人，是不会有好运气的。

这学期得益于殷老师的课，我终于发现了改变的机会和曙光。通过一个学期对着镜子练习说"引"字，我成功改变了原来凶神恶煞的形象。我在写这篇文章时，有同学跑来问我："你最近怎么笑得这么灿烂？"

像以上两位这样通过练习说"引"字养成微笑的习惯的学生有很多，他们学会微笑后都受益匪浅。

● 怎样练

① 每天对着镜子最少练 100 遍；

② 用耳语法练；

③ 加手势，停三秒。加手势，就是用右手做第三声的手势，手从左肩处往下划，到腰带处再往上划，到右耳朵平行处停止三秒钟，然后再做下一次。

● 为什么要对着镜子练

对着镜子练，自己就可以看到标准的微笑形象，在脑海中形成一种视觉记忆，以后再练习微笑时，脑海中就会浮现出自己说"引"字时微笑的形象，在视觉上帮助你强化记忆。

● 为什么要每天练习 100 遍

微笑练习实质上是一种肌肉记忆的训练。一个人不苟言笑，并非他内心不想笑，而是他的脸部肌肉长期不动，已经僵硬了，即使笑也只是在心里笑，脸上表现不出来。如果练得少，肌肉动作转瞬即逝，脸上的笑肌无法形成肌肉记忆；而天天对着镜子练习 100 遍，有 21 天左右的时间，脸上的笑肌就发达了，就能形成肌肉记忆了。

请看读者按此方法练习的效果：

一位姓杨的读者每天晚上坚持练习说"引"半小时，要是还有时间就再加上"人一之"，感觉笑容比以前自然得多，和别人交流时会不由自主地微笑。

就在我写这本书期间，遇到了一件巧事。

一位来我家修抽油烟机的师傅，无意中发现我家里写字台上有本《21 天掌握当众讲话诀窍》，就问我太太：你们家也有这本书啊？我在书店里也看过这本书，还看过光盘，书里的方法很实用。

我太太说，这书就是我先生写的。

太太一告诉我这件事，我就觉得自己和这位师傅有缘，立马送了本签名书给他。

师傅临走时对我表示感谢，说我在书中教的"引"字微笑法很有用。他在家里一练习说"引"字，八颗牙就露出来了，他上小学一年级的儿子在旁边让他以后都要保持这种表情。他问为什么，儿子说，他这样的脸好看。

他对我说："殷老师，你看，练习说'引'字真的有用啊！"

• 为什么要用耳语法练

耳语法是指耳语练声法，是我在教学中发明的一种快速掌握气沉丹田的练声方法。其实说白了，就是说悄悄话，一说悄悄话会感觉到小肚子累，这就是气沉丹田。天天练习耳语，坚持 21 天，就形成了气沉丹田的习惯，你开口讲话时就气息通畅、声音悦耳了。

用耳语法练习说"引"字，可以将练习笑容和练习气沉丹田结合起来。

• 为什么要加手势练

第一，手有指挥的作用。这跟我们大合唱时看指挥是一个道理。把手势做到位，就能在视觉上提醒你把第三声发得更加标准，笑肌练习得更加到位。

第二，手势能使人更加专注。加了手势之后，注意力会更加集中。如果单靠说，可能有口无心，练习得不够专注。而要想做正确手势，就必须一心一意。如果你分神，就做不出正确的手势来。

• 为什么要停三秒

说"引"字时表情保持三秒钟，就可以让微笑的肌肉记忆凝固三秒钟，以加深记忆。

读者小伟说，他以前的面色有些发黄，看起来没精神。当他对着镜子练习说"引"字后，笑容多了，表情丰富了，自信心也提升了，他刚开始都没有觉察到，还是同事跟他说的，这是意外的收获。另外，练习说"引"字时，用右手手指画一个对钩的形状，更能带动脸部的肌肉，让自己更投入。

- 练习"笑"字

　　① 天天对着镜子练习 100 遍；

　　② 用耳语法练；

　　③ 加手势练，练完一次停三秒。

- 为什么要对着镜子练习说"笑"字

　　大家可以对着镜子体会两个字：一个是"笑"字，一个是"哭"字。先说"笑"字，脸上是眉开眼笑的表情；再说"哭"字，是眉眼挤在一起的愁苦相。这说明什么？说明我们用汉语发音时，面部表情和字音字义是对应的，说"笑"字时脸上是笑的，说"乐"字时脸上是乐的，说"哭"时脸上是哭的，说"愁"时脸上是愁的。

　　天天对着镜子练习说"笑"字，既能练笑肌，又可以让"笑"这个词进入你的潜意识，强化笑的意识。

2. 练习绕口令《四是四》

　　《四是四》这首绕口令的内容是："四是四，十是十，十四是十四，四十是四十。谁能说准十四、四十、四十四，就请谁来试一试。"

　　怎样练？有三个方法：（1）天天对着镜子练习；（2）用耳语法练习；（3）手势练习。

- 为什么练这个绕口令

　　一是练笑容。说这个绕口令时，上唇一直是向上提的，嘴角是上翘的，牙齿是露出来的。天天练习，微笑的肌肉状态自然就出来了。

二是练生动。加上手势，表情马上就生动形象了。

怎样加手势呢？

右手伸出四根手指，手心朝前说：四是四；

两手伸出十根手指，手心朝前说：十是十；

右手伸出四个手指，手心朝前说：十四是十四；

左手手背朝前，伸出四根手指说：四十是四十；

右手伸出四根手指，手心朝前说：谁能说准十四；

左手手背朝前，伸出四根手指说：四十；

左右手保持刚才的手势说：四十四；

做双手请人的动作说：就请谁来试一试。

加上手势主要是两个目的：一是可以练习口手协调，注意力集中；二是可以练习眼神。看着镜子中自己的眼睛做动作，练的时间长了，眼睛就会变得有神，会说话了。三是练习吐字清楚。主要练习舌尖音s和舌面音sh，区分清楚二者。

五、关于微笑练习和读者的问答

1. 牙齿不好看，不敢笑，怎么办

有人说，他按我书中的方法坚持练习了三天，想跟大家交流的愿望大大增强，但同时也遇到了练习讲话的拦路虎——难看的牙齿。当他照着镜子练习时，

越来越发现自己的牙齿很难看，上牙长得很稀疏，看到其他人说笑时露出一口整齐洁白的牙齿，自己感觉很自卑，羞于开口发笑，更怕开口说话。

他问我："殷老师，我该如何赶走这只'拦路虎'，成为会讲话的人呢？"我在给他的邮件中这样回复：

牙齿的问题，有几个选择：一是如果能做牙齿矫正手术进行矫正，就去做；二是如果不能做，就放下不管。

为什么？

第一，听你演讲的人不是来看你的牙齿的，而是来听你讲话的。讲话有胆、声、情、识就能吸引人。怎样吸引？练习"耳定舞诀"，抓住重点突破。

第二，自己注意人家才注意。什么缺陷都一样，你不注意，没人注意。你老是觉得牙齿不好看，讲话时老不露齿，想掩饰，别人反而觉得你这个人怪怪的，就去注意你的牙齿了。

第三，天下没有无缺陷的人，人人有本难念的经。有一个炒股赚了上亿元的人叫林园，人人都羡慕他有钱，可他说，我最羡慕个子高的人，如果上帝能让我长到170厘米，我愿意拿出上亿元钱交换。很多伟人尚且有缺陷，比如美国总统富兰克林·罗斯福下肢瘫痪，英国科学家霍金残疾，何况我们普通人？

关键是自信。自信从何而来？艺高人胆大。你把当众讲话的方法练好了、自信了，人们只会为你的讲话所倾倒，谁会去注意你的牙齿呢？

2. 自己觉得微笑了，但别人看不出来，怎么办

有人说自己每次站在讲台上讲话时，同事们都说他看上去面无表情，很冷淡。他觉得自己微笑了，可是为什么大家感觉他很冷淡呢？

我分析这是表里不一造成的。什么意思呢？就是你心里觉得笑了，但是自

己的笑肌没有提起来，所以别人看着仍然觉得你很冷淡。说明你有笑的愿望，但没有形成笑的习惯。

解决的办法是天天练习说"引"字，每天100遍，用耳语法练习，把内心的微笑转化成脸上肌肉的微笑记忆。这样心里一想笑，脸上马上笑，就会表里如一了。

3. 练习微笑两腮不舒服，练习方法对吗

有人说自己练习说"引"字时嘴巴张得很大，很夸张，两腮很不舒服，不知道现在练的方法对不对。

练习说"引"字时两腮发酸，说明产生了效果。练习说"引"字的目的就是训练笑肌，让两腮形成肌肉记忆。过去不常活动的两腮肌肉，现在开始经常活动，自然会酸，坚持一段时间，笑肌发达了，就不会感觉两腮发酸了。

因此，应该继续坚持练习夸张地说"引"字。

4. 嘴衔筷子练习微笑，可以吗

有人问：如果像空姐那样用嘴衔筷子练习微笑，不知道可不可以，这种方法和用"引""笑""乐"字练习微笑，有什么区别吗？

我的建议是：最好用"引"字练习微笑，因为衔筷子只能练习嘴角翘，不能练习眼睛笑。

眼睛是心灵的窗户，眼笑代表心笑，心笑才是真的笑。练习说"引"字可以让嘴笑眼也笑，一箭双雕，效果更佳。

5. 怎样改变大舌头

有学员告诉我，朋友通过最近这段时间的刻苦练习，最大的收获是大舌头变灵活了。

这段时间，他一直练习"引"字，每天对着镜子练习15分钟，既练微笑，又练眼神。

另外，他还加了一个锻炼舌头的动作，就是用舌头在牙齿和嘴唇中间来回转圈，正转30下，反转30下。

练习时间有两个星期了，感觉舌头灵活多了，说话也不像以前那样费劲了，发音吐字也比以前清楚点了。总之，就是说话比以前舒服了。

最后，他感谢我给他朋友提供了一个练习舌头灵活的完整训练方法：练习说"引"字，练习转舌。

我分析他的舌头之所以变灵活了，主要有两个方面的原因：一是练习说"引"字，舌头软了，不僵硬了，讲话就灵巧了；二是转舌头让舌头肌肉结实了，也变小了。

我对他提出下一步练习的建议：

第一，继续增加练习说"引"的次数，最好早晚各半小时。

第二，用耳语法练习绕口令《四是四》，可以练微笑，练舌头，使之更灵活。

第三，继续坚持锻炼舌头。长期坚持。我也是每天坚持转舌。在开车的时候舌头贴着外牙床，左转40次，右转40次，分两次完成。我已经坚持十年了。这样做的好处，一是对牙床好，二是让舌头有力，三是让舌头灵活。

不知他体型胖不胖，如果胖，舌头也会大。减减肥，可能舌头也能小一点。

练好了微笑，就有"好脸"，但"好脸"只是与人沟通的第一步，只有加上好话，才能珠联璧合，达到最佳的沟通效果。

第二章

好话的十二种讲法

人际沟通,主要有两种渠道:一是书面文字沟通,二是口头语言沟通。口头语言沟通中最有效的方法是什么?好话!

《说文解字注》对"话"字的解释是"会合善言",所以,真正会说话的人所说的话必是善语好话,让听的人悦耳舒心。常言说:良言一句三冬暖,恶语伤人六月寒。好话能让人在数九寒冬里感到温暖,这不就是最有效的沟通方法吗?

什么是好话?好话就是让人听了高兴的话、有益于人的话,如称赞人们奋进向上、教育儿女孝亲尊师、感恩别人真诚帮助、鼓励人们向善改过、劝说人们团结和睦等话语。总之,能给人带来正能量的话就是好话。

一、夸奖他人，激发斗志，拉近距离

好话中最重要的就是夸奖他人的话。

具体说来，我把好话分为以下十二种：

① 夸奖人的话；

② 尊重人的话；

③ 感谢的话；

④ 感恩的话；

⑤ 关心人的话；

⑥ 体谅人的话；

⑦ 鼓励人的话；

⑧ 赞同人的话；

⑨ 信任人的话；

⑩ 谦虚的话；

⑪ 商量的话；

⑫ 不发脾气的话。

1. 善于夸奖的李云龙

电视剧《亮剑》中团长李云龙是一位善于夸奖和激励士兵的高手。有一个情节，李云龙问张大彪准备得怎么样了，有没有把握灭了山崎。张大彪说，团长，拿不下李家坡，您也甭枪毙我，省颗子弹吧！我张大彪别的不敢保证，突击队这几十号人，没人会活着退出战斗！

李云龙说了句："好样的，这话听着提气！"

一句"好样的"，激励了营长张大彪和他的战士们拿下了李家坡。

2. 农民大伯夸总监

我在清华研究院总裁班讲授演讲口才课，讲完"好脸好话"之后，让学员分享自己的经验。

一位不到 30 岁的投资公司总监的发言让我记忆犹新。他说自己每次回湖南老家，跟爸妈说的话不多，但跟本村一位远房大伯很谈得来，因为每次和对方谈话，对方都微笑着倾听，听完了伸出大拇指说："佩服佩服！你小子在哪儿都是人才！在哪儿都踏踏实实干事，老老实实做人！好样的！"大伯每次都这么说，弄得他每次回乡都想找他聊天。

喜欢亲近夸奖你的人，这就是潜意识的规律。这位学员回到家乡，本来应该跟父母多说话，多聊天，可是听从潜意识的指挥，他不由自主地就会和这位亲戚聊天，因为这位亲戚会夸奖他，这就是人的潜意识中喜欢受人夸奖的体现。

3. 从夸奖身边人做起

根据我的观察，大部分大学生都不善于说夸奖人的话，于是我在演讲口才课上特别增加了"好脸好话"训练，布置了一份作业，让同学们从夸奖身边人开始学习夸奖。

大四李同学：

我：哇！你今天好惊艳啊！原来你不仅能把时装穿得这么有范儿，还能驾驭职业女装，真让人羡慕！

室友：听你这么一说，感觉今天心情很好。来，我们一起化个淡妆吧，我新买的化妆品给你试试。

大二张同学：

我：妈妈，你新买的丝巾真好看，显得你气色更好了，就像年轻了十岁！你这样戴上和我走出去，别人还以为你和我是姐弟俩呢！

妈妈：我儿子那么会哄妈妈，真是没白养你啊！

大三吕同学：

我：老板，你们这家店是我见过最实诚的打印店，用的纸张质量好，价格又便宜，速度又快，很难得！

老板：那是必须的，哈哈。对你们学生，我们应该提供优惠啊！

我：是啊，我知道的，我经常来你们这里打印，是常客。

老板：我还能认不出来？以后你来扫描啊打印啊，我再给你优惠，要经常光顾我们店啊！

我：放心吧，老板！谢谢你！

大学生学会了讲好话，与人的沟通能力就能迅速提高，人际关系逐渐变得和谐。

二、尊重他人，切勿出语伤人

要想做到尊重他人，就要不分长幼尊卑，一视同仁。为什么？先来看个故事。

1. 富翁给金币，乞丐为何不收

有位富翁很有钱，但得不到别人的尊重，他为此十分苦恼，每天想着怎样才能得到众人的敬仰。

有一天，他在街上散步时，看到一个衣衫褴褛的乞丐，心想机会来了，可以给他点钱，让他尊敬自己，于是在他的碗里丢了一枚金币。谁知乞丐头也不抬，富翁火冒三丈，破口大骂，问他眼睛是不是瞎了，没看到给他的是金币？

乞丐仍然看都不看他一眼，说："给不给是你的事，不高兴可以要回去。"

富翁大怒，又往乞丐的碗里丢了十枚金币，心想他这次一定会向自己道谢，没想到乞丐仍然不理不睬。

富翁气得暴跳如雷，说："我给了你十个金币，你看清楚，我可是有钱人，好歹你也尊重我一下，道个谢你都不会吗？"

乞丐回答："有钱是你的事，尊不尊重你是我的事，这是强求不来的。"

富翁说将自己财产的一半送给他，问他能不能尊重自己。乞丐鼻子里直冒冷气，说："你给我一半财产，那我不是和你一样有钱了吗？为什么要我尊重你？"

富翁说："好，我把所有财产都给你，这下你可愿意尊重我了？"

乞丐大笑道："你把所有财产都给我，那你就成了乞丐，而我成了富翁，凭什么尊重你？"

按照常理，富翁给乞丐钱，乞丐应该是求之不得的，为什么乞丐不仅不感激，反而不理不睬？因为富翁骂那个乞丐眼睛是不是瞎了。

这个故事说明什么？说明钱重要，尊重更重要。

2. 蔡礼旭教主妇夸丈夫

蔡礼旭老师是讲授中国传统文化的名师。在听他讲授《弟子规》讲座时，我对他讲的一个故事有很深刻的印象：

有位朋友听了健康素食的课觉得很好，回去之后就跟她先生说："我从今天开始不煮肉给你吃了。"结果她做了一个星期之后非常灰心，气呼呼地冲到办公室找我。

她说："我先生真不受教，为他好，他还不领情。"

听完之后，我就看看她，说，你先生有外遇，你要负责任。她傻了，本来想听我说几句安慰的话，没想到结果会是这样。

我说，你先生得高血压，你要负责任；你儿子得不到父亲的关怀，你也要负责任。她一听非常委屈。

接着我又问她，请问你先生现在吃不吃肉？

她说，吃，吃得更多！

我说，你为了他的健康，叫他不吃肉，现在目的达到了吗？没有达到！那不是跟目标背道而驰了吗？所以要慎思！

做事不能忘记初衷与目标，要循序渐进，不要做到一半，意气用事做出让自己后悔的事。所以，劝导别人也要道法自然，要替人设想，而不是强加于人。

我说，你先生都到外面去吃，外面的食物又油又咸，吃上三个月、六个月，可能血压会上升，而且每天在外面吃，可能会有朋友找他去酒楼，一旦发生外遇，你要不要负责？你儿子每天看不到爸爸，父子之情也被你破坏了。

她听完之后，很委屈也很惭愧。

我说，女人最强的威力是什么？温柔。你要这样跟他讲，我跟孩子一生的幸福，都系在你的健康上。他一听，肯定抬头挺胸。你再慢慢告诉他吃这些肉类有什么害处，不要马上就让他不吃，突然让人不吃肉，几个人能马上做到？你可以把肉类从三盘变成两盘，再从两盘变成一盘，不留痕迹。还有一点很重要，那就是你要学做好吃的素食，不然他会很痛苦，要处处替他着想。此外，把你先生带来跟我们一起吃饭，他一看这么多人吃素，会说素食也蛮好吃的，以后自然就吃素了。

这位太太按照蔡老师的方法回去一试，果然灵验。你看，你不尊重老公，总是硬性地命令，他就跟你对着干，就是不吃素。你尊重了他在家中的重要地位，他就吃素了，同时夫妻关系也变得和谐了，家庭也和睦了。

三、表达感谢，感动他人，化敌为友

1. 一声感谢，激发士气

看过一篇写"万岁军"38军335团故事的文章，热泪盈眶。

这篇文章写到，1950年11月30日，朝鲜战争期间，335团团长范天恩接到上级命令：拼死坚守松骨峰，阻止敌人南逃北援。范天恩沉思良久，不知该如何是好，兵力匮乏，坚守松骨峰谈何容易？外面的阵阵枪炮声搅得他更加心神不宁，最后，他决定让不到万不得已不能动用的团部通信班集结待命，因为通信班的这帮小伙子机灵，枪法也好。

于是，范天恩命令他们马上出发去 580 高地完成两大任务：一是保卫那里的营指挥所；二是跟他们一起守住阵地，说是代表团部去的，要英勇顽强，不怕牺牲。范天恩让身体有病的留下，没把握完成任务的也留下，表示不勉强他们。

有士兵大声请求范天恩把自己的子弹再给他 20 发。这一声请求让范天恩为之一振：这就是士气！

"我给你！"范天恩把子弹一一数给那位战士，说，"你就代表我范天恩上阵地，我代表全团谢谢你了！"

"首长放心，保证完成任务！"战士们的吼声响彻云霄。

一直到战斗结束，580 高地都坚如磐石，牢牢地掌握在 335 团手中。

"我代表全团谢谢你了！"这一声感谢，激励着战士们奋勇杀敌、坚强不屈，这就是一句感谢的话的力量！

2. 一声感谢，变怨恨为友谊

美籍著名作家刘墉在《把话说到心窝里》一书中讲过一个故事，说他有个朋友 ×× 最近在他新居的后院搭了间工具房，工具房是 ×× 买现成的材料拼装的，专门用来放剪草机、铲子、锄头这些整理花园的工具。当 ×× 拼装到一半时，他的邻居隔着墙冲他大喊，乱盖房子违法。×× 听了很生气，跑到建管处去问，得到的答案是十英尺（1 英尺 =0.3048 米）乘十英尺以内不违法；只有超过了这个范围才违法。×× 回去量了量自己买的工具房，是十英尺乘十二英尺，多了两英尺，于是拿去退掉，换成了合法的尺寸。

搭好工具房之后，×× 跑来对刘墉说自己非要去糗糗邻居不可，告诉对方中国人没那么好欺负，自己去政府单位问过了，现在搭的绝对合法，欢迎去告。

刘墉劝他没必要这么做，不如换个方式，对那位邻居表示感谢，幸亏他提醒自己，不然自己的工具房多了两英尺，就违法了，违法就得拆除，白盖了。这样同样可以让邻居知道自己已经去问过政府单位，现在的工具房是合法建筑了。

××想了想，觉得很有道理，就照办了，不但没得罪邻居，还跟对方成了好朋友。

四、懂得感恩，更要学会说感恩的话

雨果说：卑鄙的小人总是忘恩负义的，忘恩负义原本就是卑鄙的一部分。学会感恩是人生的必修课，失去了感恩之心，你的人生将不再完整。

1. 张艺谋感恩文化部长

2012年1月8日，安徽省安庆市枞阳县的黄镇图书馆开馆时，收到了著名导演张艺谋为开馆赠书的亲笔题字："感恩他老人家！感恩时代！"同时还收到了一本书——《张艺谋的作业》，书后附有一张硬纸板，上面写着这么一段话："当年如果没有黄镇部长的赏识和坚持，今天便没有一个叫张艺谋的电影导演。感恩他老人家！感恩时代！"感激、感恩之情洋溢于字里行间。

张艺谋为什么要感恩黄镇？故事是这样的：

张艺谋原本是陕西省咸阳市国棉八厂的一名普通工人，1978年报考北京电影学院时，比招生说明上的年龄要求整整大了五岁，不符合报考条件，被拒之门外。后来张艺谋的好友觉得他摄影技术很不错，建议他走这条路试试。于是张艺谋就把厕所当暗房，自己制作了摄影作品集，寄到著名漫画家华君武手中，并由华君武交到时任文化部部长的黄镇手中。黄镇素来爱才，看完张艺谋的摄影作品大为欣赏，就给华君武回复：这名素不相识的工人的摄影作品"很有水平，应该加紧培养"，并亲自批示，希望当时北电学院领导小组，以进修生或者其他适当名义，解决这名特殊学生的入学问题，立即通知张艺谋入学深造。

但这个要求被北电领导拒绝了。在黄镇的再三要求下，学院才最终收下了张艺谋。张艺谋回忆，当时自己"没政审没考试没体检进了北电""要来真的，只有体检我不怕，政审和考试我一关都过不了"。

这份知遇之恩张艺谋记了30多年，当他得知在黄镇同志诞辰103周年之际，黄镇图书馆即将开馆的消息时，特意写了这封感恩信，以表达自己对黄镇老人家的感恩之情。

佛家说：越懂得感恩，你的助缘就越多，你的成就就越大。从张艺谋写感恩信这件事上，我们很清楚地看到了这一点。

2. 葛优成功后仍不忘感恩

电影演员葛优也是一个懂得感恩、懂得说感恩的话的人。

《顽主》可以说是葛优电影的处女作，他曾在很多年后给《顽主》的导演米家山发短信，表达自己的感激之情。

葛优对记者说："《顽主》是我的转折点，米家山是我的恩人。"

米家山说："我们选人的时候，就决定杨重这个角色不能选一个浓眉大眼的演员，要选一个有点怪的。"

米家山对葛优的长相很感兴趣，说："一张合影，四个人在一个上下铺那儿照的，葛优坐在最里面，一个小脑袋，我一看他那样，就觉得特逗。因为我是学美术的，我就觉得这个人肯定很逗。"

米家山提到葛优时不吝赞美，说当时就觉得葛优是个好演员。"葛优有时候说是我把他挖掘出来的，其实我觉得是金子就会发光，就算当时我没找着他，肯定也会有别人发现他。"

米家山常常想起葛优给他发的短信，时隔多年，没想到葛优还会对《顽主》这么上心。

虽然时隔多年，仍然不忘米家山导演对自己的发掘和栽培，这就是葛优的为人，也可以说，感恩之心是葛优成为影视界常青树的秘诀之一。

3. 感恩能带给别人正能量

为了培养大学生的感恩之心，我在大学的演讲课上，会专门安排一份"百善孝为先"的作业，让学生自我反省教育，启发对父母的感恩之心。通过感恩教育，让学生们学会感恩，学会把感恩的话说出来。

来看王同学的一份作业：

人物：我和爸爸

我：老爸，自从我上了大学，每年都得花很大一笔钱，做女儿的知道老爸挣钱很辛苦,每次心里都特别内疚,我一定会好好努力的,老爸放心吧。

老爸:你就是我的一切,我所有的努力都是为了你,你好我就好了。

感悟:其实父母努力工作都是为了让子女有个更好的成长环境,父母虽然不说出来,但心里非常希望得到子女的认可和关心。记得要时常感恩父母,你的一句小小的感谢是他们坚持下去的动力,他们真的很辛苦。

通过感恩教育,同学之间也能把感恩的话说出来了。

雷同学说:阿琪是一个十分关心朋友、考虑周到的人。有一次,在去上课的路上突然下起雨来,但我忘了带伞,走到半路遇到了她。她问我为什么不带伞,我说我出门时没有下雨。她立刻把她手中的伞给了我,一边推着我向前一边说:"赶紧去上课吧,别被雨淋感冒了,你身体不好。"

我顿时深受感动,对她说:"琪,你对朋友真好。"

她微笑着冒雨往宿舍方向跑去。

把对同学的感恩说出来,一来可以表达自己的感激之情,二来能给同学更多的正能量,使其以后更加关心同学。

五、关心他人,随时随地送友善

什么叫关心他人的话?"关"是关照,"心"是心情,关心人的话就是关照他人心情、感受的话。

1. 杨澜幽默关心服务员

有一年冬天,杨澜应邀到武汉大学演讲。杨澜讲述了自己的成长故事,回忆了她的大学生活和求职经历,表达了她对人生、事业、成功和幸福的理解与感悟。

当演讲进行到20分钟左右时,一位穿着很单薄的礼仪小姐上台给她续茶。这时,杨澜幽默地提醒小姑娘:"天冷,穿上外衣吧,太美丽动(冻)人了!"她的这句话令现场爆发出阵阵掌声。

这句提醒就是关心,不仅让礼仪小姐备感温暖,也让在场的每一个大学生备感温暖。

2. 因势利导催稿费

作者遇到稿费被拖欠的情况,应该怎么处理?来看看下面这个故事就知道了。

某出版社的赵编辑约小杨写了一部书稿。几个月后,小杨的书出版了,但小杨并没有收到稿酬,甚至连样书也没收到一本。小杨非常生气,想质问一下对方为什么不守信,但转念一想,这么说有伤情面,于是决定换一种说法。

小杨拨通了赵编辑的电话,问:"赵编辑吗?好长时间没联系您了,工作还忙吗?"

赵编辑回答:"是啊,现在忙死了。前些日子让车撞了一下,休了几天假。"

小杨赶紧关心地问:"哦,现在没什么事儿了吧?我这几天就去看看您。"

赵编辑高兴地回答:"我恢复得很好,出院好几天了。你不用来了,怪麻烦的！"

小杨接着说："对了，我在书城看到咱们合作的书上架了，仔细看了一遍，您编校得真认真！"

只听赵编辑不好意思地说："哪里哪里，我还得感谢你呢，这本书发行得挺好，都上畅销书排行榜了。哦，还有，忘了你的稿费了，近几天就打到你账上，记得查收啊！"没几天，小杨就收到了赵编辑寄来的样书，稿费也一分不少。

如果小杨一上来就兴师问罪，责问赵编辑为什么还不寄稿费，那样的话，稿费最后肯定能收到，但二人的关系一定会闹僵。

当听到赵编辑说被车撞了，小杨马上表达了自己的关心："哦，现在没什么事儿了吧？我这几天就去看看您。"这一番关心人的话，让对方听了既温暖又感动，所以小杨才会很快收到样书和稿费。

小杨通过说出一番关心的话，既提醒赵编辑寄出稿费弥补了自己的过失，也让双方之间的感情得以加深。

3. 随时随地送友善

再来看一个我的学生学会关心人的例子。

廖同学：保安，晚上好，天气冷，晚上要多穿一件衣服御寒啊。

保安：呵呵，没事没事，平时都习惯了，倒是你们学生要注意保暖别感冒了，还有晚上就不要到处跑了啊，会有危险的。

廖同学的感悟：平时晚上图书馆关门之后回宿舍都会经过保安亭，看见保安值班总觉得他们很辛苦，所以就趁这次机会和保安问个好，要他注意保暖。

没想到保安也提醒我要多穿衣服，还有晚上危险就不要到处跑了。

刘同学：你好，我要一个玉米。

售货员：请稍等！

刘同学：店里每天都这么忙，真是辛苦你们了！

售货员：呵呵，不辛苦不辛苦，还要感谢你们照顾我们生意呢！来，这是你的玉米，请拿好，小心烫！

刘同学的感悟：在日常生活中，很多人都会忽视这些服务行业的工作人员，他们的服务内容看似很简单，却是我们最最不能缺少的。一个微笑、一句关心的话就能让他们感受到被尊重，自然也会更好地提供服务。

六、体谅他人，换位思考

什么是体谅他人的话？就是换位思考，设身处地为对方着想，说谅解对方的话。体谅他人的话，包括体谅对方过失、爱护对方面子的话。

1. 体谅话让老公戒除烟瘾

人与人相处，就是"镜子原理"：你讲话尖刻，对方说话一定也针尖对麦芒；你讲话体谅人，对方一定投之以桃报之以李。

戒烟这事，大家说难不难？一位妻子就是靠着自己说的体谅话，让丈夫把烟给戒了。

有一次，几个哥们儿一起去一位朋友家看球。男人看球总离不开烟，直到球赛结束，他们才发现不知不觉已经抽了三盒烟。朋友的妻子一直在旁边陪着他们，但她什么也没说，只是在他们不注意时打开窗子，让新鲜的空气进来，这让他们觉得很奇怪。一个哥们儿问她，你怎么不管管他和我们这么抽烟呢？她微微一笑，说自己也知道抽烟有害身体健康，但如果抽烟能让他快乐，为什么要阻止他？她宁愿让他快快乐乐地活到 60 岁，也不愿意他勉勉强强地活到 80 岁。毕竟，一个人的快乐是不能用时间或金钱换来的。

再看到这个朋友时，他已经戒烟了。问他为什么，他憨笑着说：她能为我的快乐着想，我也不能让自己提前 20 年离开她啊。

戒烟本是一个家庭中矛盾的焦点，但这位妻子的宽容，让这件艰巨的事情不费吹灰之力就得以解决。

2. 丰田章男宽容下属受到敬佩

再来看一个说话体谅对方过失的例子。

日本丰田公司在印度成立了一家合资企业，按例，新 CEO 上任前要先到丰田总部进行培训。但当这位 CEO 来到丰田总部时，接待他的不是高管，而是一位监管。

监管把 CEO 带到车间，在地上画了个圆圈，说，请站在圆圈里一个小时内别动，好好观察一下现场情况。于是，这位 CEO 就站在圆圈里观察工人们的工作。生产线上不断地输送着汽车零件，工人们不停地重复着动作。这样的场景很单调，没多久，CEO 就厌倦了，而且越来越恼火，不明白监管让自己傻站在这里干吗。

一小时后，监管把CEO带到一个房间，丰田总裁丰田章男在那里等候已久。他微笑着问CEO，刚才你发现工人们在工作时遇到什么问题了吗？厂房有什么异常情况吗？CEO蒙了，不知如何回答，因为他刚才根本没注意这些。

丰田章男见此情形，就拍了拍他的肩膀，说，很多管理者都会跟你犯一样的错误，习惯听下属汇报，以此来掌握企业的情况，而丰田的管理者每天都要到厂房看看，了解问题，并根据实际情况制订解决方案，这正是丰田成为世界一流公司的重要原因。

这番话让CEO茅塞顿开，他激动地说，我上过很多培训课，但这是我上过的最好的一堂课。

丰田章男的体谅体现在哪里？就在"很多管理者都会跟你犯一样的错误，习惯通过下属汇报来掌握企业的情况"这句话里，不说你一个人犯了这种错误，而是说"很多管理者"。

这句话缓解了当事人的负疚感，让他感受到丰田的循循善诱，对丰田的敬佩之情油然而生。返回岗位后，他一定会改变自己过去只听汇报、不做调查的工作作风。

3. 不在不如己者面前炫耀

有位读者××遇到了一件百思不得其解的事，就给《演讲与口才》写了封信，请读者朋友帮他解答一下。

春节前放假，××准备自驾车回老家，想到有位老乡也在天津，可以邀请他一起回去，于是给他打了个电话，说，咱们高中同学在天津的都买车了，你还没买，肯定为买火车票发愁，想拉上你一起回老家，路上也有个伴儿。

没想到，老乡听完不但没有丝毫兴奋劲儿，反而遗憾地表示自己已经订票了。××让他退票，他说不退了，坐高铁快。

××放下电话，也没有多想。过了两天，他听说这位老乡坐另外一个老乡的车回去了。他很纳闷：为什么我邀请他坐我的车回家，他拒绝了，却坐别人的车走了？

我想，大家作为旁观者，都已经明白了其中的缘由，就是××不会说体谅对方的话。一句"咱们高中同学在天津的都买车了，你还没买"，说者无意，听者有心，潜台词里让对方感到了被贬低，没面子，心中不快，自然就把他的好心当成了驴肝肺。

七、善于鼓励，让他人树立信心，走出低谷

鼓励他人的话，可以让有疾病的人战胜疾病，让没信心的人树立信心，让迷失方向的人找到方向，让失意的人看到曙光。

1. 旅长提前庆功鼓舞士气

电视连续剧《亮剑》中，有一段关于陈赓旅长给打了败仗的独立团鼓劲儿的情节，我跟大家分享一下：

孔捷：旅长，请用。

陈赓：哼！

孔捷：旅长，你要是不喝，我就这么一直举着！

陈赓：（对孔捷）那你就举着吧！（转身对李云龙）我可是把独立团交给你李云龙了，如果再让我从老总的嘴里听到"发面团"这个词，那可就是在说我了！听见了吗？

（转身欲离开，对孔捷）孔副团长，两只胳膊举酸了吧？可那也比心酸好！（开门出去）

士兵：旅长！（战士全都端起酒碗）

陈赓：干什么？你们这是干什么？怎么着，（转身回屋，对孔捷）看来我非得赏光不可了？

孔捷：败军之将，惭愧难当。

陈赓：李云龙，我怎么看见外边的士兵都穿着清一色的新军装啊？哪儿来的？

李云龙：嘿嘿，咱不是当了几天被服厂的厂长嘛。

陈赓：好你个李云龙，你可真有办法。不过我告诉你们，穿新衣不要给我走老路！（转向孔捷）孔副团长，你说呢？（端着酒出门，李云龙、孔捷跟出）古语说，知耻而后勇，我，拜托大家了！

陈赓：呸！他娘的，怎么会是酒呢？

孔捷：旅长，水哪里是这会儿喝的东西？

陈赓：那好，那我就提前喝你们独立团的庆功酒，看我的！（一饮而尽，摔碗）

怎样给打了败仗的部队激励士气？陈赓旅长一句"提前喝你们独立团的庆功酒"，就巧妙地化解了打了败仗的孔捷的惭愧之意，变成了强大的激励。言外之意：我坚信你们一定能打胜仗！

2. 李连杰夸奖鼓励"师弟"

有一次，功夫巨星李连杰受邀在北京航空航天大学做一场演讲，演讲结束后在学生提问环节中，一名自称"李连杰师弟"的大学生走上台，怯生生地说："我希望和大师兄……"

话还没说完，李连杰就接了过去："希望和我一起下乡宣传壹基金？"该大学生摇了摇头，说："其实我希望能和您拍部电影，哪怕给您当替身也行。"

李连杰笑着拍了拍他的肩膀说："很遗憾，我也只是一个演员，我自己的工作岗位不能帮你安排角色。对于你这样的大学生，我想对你说，你不要靠我，要靠你自己。你不要求任何人，未来只能靠你自己！别说是替身，就是做主角也有可能！"

李连杰说完这番话后，台下掌声如雷。

如果是一般人，可能会说："我帮不了你。"要是这样说，这位大学生会很难堪，而李连杰不同，他没有这样做，而是加了"别说是替身，就是做主角也有可能！"这一番鼓励就给了大学生能量，给了他信心，赢得了全场大学生的掌声。

汪建民的《瞬间掌握交际口才》一书中讲过这样一个故事：

某家公司一位业务素质很好的同事因为与某位上司意见不合，在公司改组过程中被调到车间，这让他深受打击，意志消沉。很多人说这样对他不公平，劝他跳槽。于是他打好辞职报告，准备上交。但有一位朋友对他说，世上没有过不去的坎儿，我相信你一定会东山再起。

这句话对他帮助很大，他觉得只要自己不放弃，在公司里还会有机会。于是，他坚持了下来，认真做好自己的工作，在车间里好评如潮。过了一年，那位上司调走了，他的机会来了。

新一届领导班子上任,他被抽调到公司经营部门,现在他已经是公司的副总经理了。

人生处在低谷时,旁人的一句话都可能带来决定性的影响。我们作为旁人,说一句泄气的话,当事人可能就真的一蹶不振,再无翻身之日;说一句挑拨的话,当事人更可能心生怨恨,负气而走;而一句鼓励的话,就可能让当事人树立信心,走出低谷。

八、赞同别人,会让你成为赢家

"赞"是赞许,"同"是认同,二者加起来就是用赞许性语气认同他人的观点。

卡耐基说:"面对同一问题,每个人都会有不同的思路,都想按自己的方法去解决,这是由人的自尊心所决定的,往往根深蒂固,不易改变。争论于事无补,只能白白耗费时间和精力。"

赞同别人会让你成为赢家。虽然你输了道理,但赢得了对方的心。

赞同的话可以分为三种:一是为对方的观点找例子,二是为对方的例子找观点,三是为对方的观点补例子。

1. 为对方的观点找例子

我的一个企业家朋友说,如果说他有一点小成功的话,其实就是肯帮人。

我说是啊，这一点我感受太深了！你看你平时自己的生意那么忙，还专门抽出半天时间，带我去见做房地产的朋友，向他推荐我的当众讲话课，纯粹是为了帮我，真的让我很感动！

他说出的"肯帮人"，就是观点。我说他帮我推荐课程，就是为他的观点补充的例子。我举这样一个例子，对方就会觉得我是真诚地认同他的观点，而且我还借此表达了我对他的感谢，一句赞同的话，一举两得。

2. 为对方的例子找观点

我有一位朋友是某电视台的著名播音员。有一次跟她聊天，她说到自己在省政协宣读文件，师姐在省人大宣读文件，人大几次找她，希望她去人大宣读，替代她师姐，她都推了，怕取代师姐后影响自己和她的关系。

我听了后说："什么叫舍得？你这就是舍得。你虽然舍弃了一次出镜的机会，但得到了师姐的友谊。"

还有一次，她讲自己当新闻部主任一年，太忙，天天晚上都是八点回家，顾不上孩子，老公有意见。她发现这种状态时，觉得有点不对劲，就主动申请到另一个部门当副主任，好抽出时间照顾家。很多人说她傻，因为在新闻部才好提拔，但她还是换部门了。

我接过话说："你这就是悟性强，一发现工作、生活不平衡，马上反思，迅速调整。"

我为第一件事概括出观点：舍得，为第二件事概括出观点：悟性。

我说的话就是赞同性好话，为对方的事例提炼观点。听了我的话，对方一来能感觉到我对她的认同，二来更加坚定了自己的做法。

3. 为对方的观点补例子

有一次聊天,我太太说她自己这一生多次抓住了机遇。她上中学时,市里举行样板戏会演比赛,学校让她参加。她听了十天京剧样板戏《红灯记》里李奶奶的两段唱腔,就上台演出并获奖,被招到了京剧团,因此没有下乡。

我马上又给她补充例子:"你考学校也是这样,你只有初中文化,又在钟表店当营业员,愣是挤出两个月时间复习,最后考上了中专,当了老师。"

她听完就说,听你这么一说,这还真是我的特点。

一补充这个例子,她就觉得我是她的知音,对她的优点很了解,说明丈夫对太太很关心、很细心,善于发现妻子的特点。

九、表达信任,沟通心灵

1. 信任,让诸葛瑾不辱使命

三国时,孙权有一次派诸葛瑾(字子瑜,诸葛亮之兄)出使蜀汉。诸葛瑾刚一启程,背后就有人风传他是蜀国间谍,被他弟弟诸葛亮所用,明保孙吴,暗通刘备。有人向孙权进谏,建议立刻追回诸葛瑾,撤了他的特使之职,并严厉惩处。

孙权不以为意,笑了笑说:"子瑜与孤共事多年,彼此了解得十分透彻。对于他的为人,孤是知道的,他岂会做出传言中那种事?子瑜是不会负孤的,孤也不会负子瑜。"

诸葛瑾听说后大为感动，不辱使命地完成了任务。

当有人怀疑诸葛瑾通敌时，孙权不为所动，说出"对于他的为人，孤是知道的"这样信任下属的话，对诸葛瑾的忠心表示充分肯定，诸葛瑾得知后自然会对孙权感恩戴德，尽心竭力。

当然，信任的话不能信口胡说，而是要建立在对一个人的语言行动长期的观察和了解上。正如孔子所说，开始他是听其言而信其行，后来是听其言而观其行，才能建立对一个人的信任。

2. 信任让"万岁军"勇士守住高地

1951年年初，朝鲜战场上，"万岁军"38军遇到了建军以来最严峻的考验。根据命令，38军要在汉江南岸跟美军大战一场。

下午1点多，第114师341团3营营长刘保平、教导员刘德胜带着部队从40余里外赶到军部接受任务。军长梁兴初清点了一下人数，这个营一共只有五六十人。

梁兴初不动声色，心里极为痛苦，因为这个营的人数只够编一个加强排，兵力远远不够。于是，他把这五六十人带到了一个高地上。从这个高地上眺望580高地，可以看见炮火连天、硝烟滚滚。

梁兴初走到刘保平和刘德胜身边，只说了一句话："听说你们两个作战一贯勇敢不怕死！"

刘保平、刘德胜二人一听此话，知道这是领导对自己的信任，立即大声回答："首长，人在阵地在，誓与阵地共存亡！"

在第二天下午的战斗中，刘保平抱起一挺机枪猛烈射击冲上高地的美军，不幸腹部中弹，肠子都流了出来。他一手把肠子捂进伤口内，一手坚持扫射敌人，直到流尽最后一滴血。

"听说你们两个作战一贯勇敢不怕死"，这不是询问，而是无限信任，激励了他们用生命坚守住了 580 高地。

3. 信任让梁朝伟、刘嘉玲风雨携手 20 多年

恋爱中的女人常常会过分关注男友的行动，男友和什么女人在一起，说了些什么话，做了些什么事，都会引起她们的高度关注，甚至达到草木皆兵的程度。更有甚者，会暗中调查男友的行动，查看男友的手机通话记录，看有什么女性给他打电话。有这样一个女友，男人往往会神经高度紧张，跟异性说句话都提心吊胆，但刘嘉玲对梁朝伟从来不这么做，对他十分信任。

她说他长得那么帅，他不主动，别的女人也会主动找机会接触他的。他是个公众人物，有些应酬是怎么避都避不开的。不过，自己相信，他是个成熟的男人，他有自己的分寸，自己绝对不会查他的手机。

这就是信任的话。正是这份信任，换来了梁朝伟对刘嘉玲的高度信任。对于媒体风传的刘嘉玲绯闻，梁朝伟从来都只字不提。两人在一起 20 多年，无论面对多大的风雨，都能携手走过。

十、表示谦虚，必能受益

1. 文学大师自喻牛尾巴

郭沫若和茅盾有一次聚在一起聊天，聊着聊着聊到了鲁迅先生身上。郭沫若说："鲁迅愿做一头为人民服务的'牛'，我呢？愿做这头'牛'的'尾巴'，为人民服务的'尾巴'。"

茅盾听郭沫若说自己愿做"牛尾巴"，笑着说："那我就做'牛尾巴'的'毛'吧！它可以帮助'牛'把吸血的'大头苍蝇'和'蚊子'扫掉。"

郭、茅两人一个自喻为"牛尾巴"，一个自喻为"牛尾巴"上的"毛"，都表示自己只是别人的一部分，他们谦虚的心态表现得淋漓尽致。

谦虚的话，不仅要对名人说，也要对普通人说，这才是真的谦虚。

2. 梅兰芳拜票友为师

一代京剧大师梅兰芳一生好学，不仅拜画家为师，也拜普通人为师。有一次演出京剧《坐楼杀惜》时，在一片喝彩叫好声中，一位老年观众说了声"不好"，立即引起了他的注意。戏一结束，他马上把那位老人接到自己家中，恭恭敬敬地对他说："说我不好的人，是我的老师。先生说我不好，必有高见，定请赐教，学生决心亡羊补牢。"

老人说："阎惜姣上楼和下楼的台步，按梨园规定，应是上七下八，博士为何八上八下？"梅兰芳听了恍然大悟，连声称谢。之后梅兰芳经常请这位老先生观看他演戏，请他指正，称他"老师"。

谦卑者必受益，梅兰芳一番谦虚的话换来老人无私的帮助，正说明了这一道理。

3. 谦卑是成功者的必备品质

在生活中我们会发现，越成功的人越会诚恳地说出谦虚的话。为什么呢？

笛卡儿是17世纪法国著名哲学家、物理学家、数学家、生理学家，也是解析几何的创始人，其博学举世闻名，但他越学习越觉得自己无知。有人不解，问他原因，他说："先哲芝诺不是解释过吗？他曾画了一个圆圈，圆内是已知的知识，圆外是未知的世界。知识越多，圆圈越大，圆周也越长，其边缘与未知世界的接触面越大，这样，未知的部分就越多。"

笛卡儿的圆圈理论让我恍然大悟，明白了为什么知识越多越谦虚的道理。明白了这个道理之后，我到企业和总裁班做培训时，再也不敢说"今天来给大家讲授讲话技能"了，而是说"今天来跟大家分享当众讲话的心得"。

十一、夸奖他人，表达商量

什么叫商量？商量就是你和他人说话时，不要以命令的口气，而是以提出意见的口吻，让对方拍板。

这么说，你还不一定真明白，看了《新华每日电讯》上《所谓恩爱就是好好说话》这篇文章讲述的一则故事，你就全明白了。

1. 商商量量是恩爱

故事里说，主人公早起上班，身后有对中年夫妇跟他同路，他听到他们边走边聊，聊的内容虽然很细碎，但很有趣。

这对中年夫妇中，男的提议一会儿吃包子，女的说可以。男的问她要吃肉的还是吃素的，女的说吃肉的，因为肉的好吃。

男的说，那就要两个肉的，又问她想不想吃素的，女的说也有点想吃，问他想不想。男的说自己也想，一会儿自己先去占座，她去买包子。

就是这些琐碎得不能再琐碎的事，两个人说得津津有味，有商有量，不急不躁。

主人公不禁回头看，那对夫妇是扔到人堆里都找不到的两个普通人，长相普通，衣着普通，但面色平和，笑容可掬。两人没有挽手，只是互相依靠在一起，带着中年人的缠绵。

主人公通过他们的交谈方式，判断他们一定是一对恩爱夫妻。虽然只看到了有关他们生活的一个片段，但这个片段所蕴含的意义让人不能忽视。

主人公有个表姨，表姨和表姨夫老两口都80多岁了，说话就是这样：表姨夫说什么，她都觉得好，有道理；她要做什么，他也都支持，就算有不同意见，也是商量着来。主人公听他们说话很舒服，觉得不像自己的父母说话那样，身为旁观者都要替他们捏一把汗，因为外人根本不知道他们什么时候会吵起来。他们说话永远不投机，一人往东一人往西这种都是小事儿，动不动就翻出陈年老账互相指责才是常态，此种婚姻也不是不能长久，但要说质量多高绝对谈不上。

可能有人觉得他们说的都是一些小事，谈得来算不了什么，但如果换一种心态来交谈，就算这样的小事都可能发生矛盾。

2. 霸道傲慢成冤家

一男的问他老婆一会儿吃包子行不行，他老婆说：就知道吃包子，吃包子，你不能换个花样吗？

男的问：那你说吃什么？每次都让我说，说了你又不同意。女的说：你是我老公，连我爱吃什么都不知道，我还有什么可说的？

男的说：那我爱吃什么，你知道吗？凭什么我每次都得依着你？

上面的对话不是虚构，而是主人公的一位亲戚和老婆的真实生活场景。他向主人公抱怨，他们两口子经常连最简单的吃饭都很难达成共识。

这里的"包子"可以任意替换成饺子、馒头、面条，这不重要，反正就是什么都得听她的，而且她不明示，让他猜。猜不对她就不高兴，你让她先说她还不说。总之很头疼，很伤害感情。

主人公还在包子铺里听过这样的对话：

女的问：吃包子吧？男的说：到包子铺不吃包子吃什么啊？女的又问：吃肉的行吗？男的说：不知道天热少吃肉馅啊？不新鲜，没常识。女的嘟囔道：那就吃素的。

男的很不耐烦道：别磨叽了，快点，都快迟到了，没点时间观念。

男的说的每句话后面都跟着反问、指责，两个人最终黑着脸吃完这顿饭。

这个故事我看过多次，学习里面好的说话方式，照着做，还真灵。比方外出吃饭，过去我会说：今天晚上不做饭了，咱们出去吃。太太会说：乱花钱，不卫生，不去！

现在我这么说：太太，向你请示个事，今天晚上不做饭了，咱们出去吃饺子，可以吗？太太会说：可以啊，换个口味，放松放松。

命令的话，没人爱听；商量的话，人人都爱听。

十二、不说发脾气的话

南怀瑾先生说："上等人，有本事，没脾气；中等人，有本事，有脾气；下等人，没本事，有脾气。"

遇到普通人会发火的事，你能不发火，不说发泄自己怒气的话，就是好话。

1. 不是为生气而种花

有位禅师非常喜爱兰花，特意在寺院里栽种了一些兰花，平日弘法讲经之余，花了很多时间呵护它们。有一次他要外出云游一段时间，临行前交代弟子们要好好照顾兰花，弟子们表示一定照办。

禅师走后，弟子们一直悉心照顾兰花，但有一天在浇水时不小心将兰花架碰倒了，所有的兰花盆都摔碎了，兰花散了一地。弟子们惊慌失措，打算等师父回来后向他赔罪认罚。

禅师回来后听说了这件事，就把弟子们召集起来，不但没有责怪他们，反而说："我种兰花，一来是希望用它来供佛，二来是为了美化寺里环境，不是为了生气而种的。"

换了常人，自己喜爱的兰花被打碎了，一定火冒三丈，少不了对弟子一通臭骂，但禅师能忍常人不能忍之事，这正是他修行高的体现。

2. 说"谎话"的农村老大娘

张大娘家种了一大块地的红薯，已经到了收获时节，但还没从地里收回来。邻居胡大爷50多岁，妻子患病在床，家里经常揭不开锅，胡大爷偷偷跑去挖张大娘家地里的红薯，装满了一蛇皮袋。张大娘刚好经过自己的红薯地，看得一清二楚，但她很同情胡大爷家里的情况，就装作没看见，回家织起了毛衣。

不久，胡大爷拎着装满红薯的袋子站在她面前，一脸愧色，结结巴巴地说："他……他大嫂，你都看见了？"

张大娘一边热情地让座一边笑着说："老胡啊，我今天连大门都没有迈出一步，能看见什么？你买回这么多红薯也够累的，快回家休息吧！"

看到邻居偷自己地里的红薯，臭骂一顿都无可厚非，就是报警也正常，但张大娘说出了一番善意而有智慧的谎话，而这番谎话是实实在在的好话，因为这番话里藏着她的一颗善良慈悲之心。

3. 理服人，方无言

当家长的往往容易对孩子发脾气，因为他们会觉得我生你养你，打你骂你发发脾气是天经地义的，可是对孩子发脾气，往往是最没有效果的。

北京汇通汇利公司董事长胡小林先生通过学习《弟子规》教育孩子，对我们这些当家长的有很大启发。

据胡小林先生说，他太太老爱教训孩子："坐正了！你看你坐没个坐相，站没个站相；坐得歪歪扭扭的，抖着腿，还跷着二郎腿！你吃完饭，你看那嘴也不擦，芝麻都留在嘴上了！"满眼看到的全是毛病。

孩子跟胡小林说："爸，我不愿意跟妈在一起。我跟妈在一起就紧张，我觉得跟你单独在一起特好。"当然他妈有她的问题，他妈把自己的情绪放在里面了，一味发泄自己的不满，更多的是批评、指责、严加训斥，不考虑孩子的感受和问题出现的原因，因为她爱他，她着急，怕他学习不好，怕他学习掉队。

作为父亲，胡小林在处理这种母子之间的关系时该怎么处理？简单训斥、批评孩子不孝顺？他觉得不能，这样只会导致母子关系更加对立，还是要走感化的道路。要让孩子知道妈妈多不容易，知道妈妈的爱有多深。这些都是孩子根本没意识到的。

胡小林没有批评他、训斥他，而是把他叫到卧室，让他拉开抽屉，然后问这是谁的抽屉。孩子说是自己的，胡小林问里面放的是什么。

孩子告诉胡小林是袜子，胡小林问他整不整齐，孩子说："整齐，是谁放的？"胡小林说不知道。孩子想了下，说是妈妈放的。胡小林问他："现在10月份了，你衣柜里夏天的衣服呢？"他说不知道。胡小林告诉他："你妈全给你洗过，收起来了。看看底下那塑料箱，打开。"

孩子打开箱子，看到里面摆着衣服，胡小林问："叠得整齐吗？"他说整齐。胡小林让他看看衣柜里挂的都是什么衣服，他说是秋天和冬天的。胡小林问他谁挂的，他又说不知道。胡小林告诉他："都是你妈给你挂的。每天晚上你学习完了十点钟上床睡觉，书包谁帮你收拾的？你妈给你收拾的。你的毛衣昨天这里还有洞，今天就缝上了，谁给你缝的？都是你睡觉的时候你妈帮你缝的。"

到了这个时候，孩子眼泪流了下来。胡小林决定趁热打铁，好好教育他，问："你妈不爱你？你看你这袜子，冬天是冬天的，夏天是夏天的。每条内裤、每件衣服都要烫，你妈天天给你换衣服，天天给你缝衣服。每天早上起来，拿到桌上的早饭不冷不热，太热了，来不及吃就要去学校了；太冷了，对身体不好。这一点一滴都是你妈在你不知道的情况下帮你做的。你妈从来没跟你说过，今天我得说说。我不讲你妈对你的批评和教育的方法是不是有些不对，我讲讲你妈有多爱你。"

胡小林问："有了这种爱，你能不能接受你妈对你的严厉批评？"他说能接受。

胡小林说："不仅要能接受，还要改，不让妈妈着急。这是最圆满的解决方法。自己成长了，妈妈就不着急了。哪有妈不希望自己孩子成长的？你学习成绩好了，在班里优秀了，你妈最高兴。你让妈妈高兴，就是布施，你不愿意布施你就没福。"

胡小林教育孩子的例子，我反反复复看了几遍，每看一遍就受一遍教育，更加深刻地感受到：无论对大人还是对小孩，发脾气的话真的不能说，说了真的没用，只有摆事实讲道理，才是最佳的教育之道。

了解了哪些话是好话之后，读者可能又要问：究竟何时该讲好话？何地该讲好话？该对谁讲好话？谁最该讲好话？我会在第三章中回答这些问题。

第三章 讲好话，分境界、顺序、深度、对象

任何事物的分类，都有不同的标准，好话的分类也是如此。为了让读者全面了解好话的特点和规律，下面就用四个标准对好话做一个分类：

第一，按境界分：初级、中级、高级；

第二，按顺序分：先夸、中夸、后夸；

第三，按深度分：夸外表、夸能力、夸品质；

第四，按对象分：单夸、双夸、群夸。

一、境界：初级、中级、高级

1. 初级境界：人夸我，我夸人

人夸我，我夸人，就是当一个人被别人夸奖后，马上对对方进行夸奖。如以下的例子：

周末去打羽毛球
我：寒冰，你的杀球越来越有力了。
寒冰：你的网前扑杀也很厉害啊。

见某女同学
我：小雨，你这套衣服真好看！
小雨：谢谢，你新剪的发型也很特别啊！

寒冰和小雨就属于第一种境界：人夸我，我夸人。
一个人被别人夸奖后，能夸奖对方，说明两个问题：一是他比较有教养，被别人夸奖时，懂得"镜子原理"，能反过来夸奖别人。有的人被别人夸奖了，没有任何反应，不会说声谢谢，脸上也没有任何表情，让赞扬他的人感觉碰了一鼻子灰。二是平时没有养成夸奖人的习惯，在夸奖人上比较被动，还没有掌握与人主动沟通的能力。

2. 中级境界：人不夸我，我夸人

人不夸我我夸人，就是别人没有对自己表示赞赏，自己也会赞赏别人。

我发现，从事与人沟通的职业的人，往往会将主动夸人变成习惯。

有一位心理医生在银行排队取款时，看到前面有一位老先生满面愁苦，就想让他开朗起来。

于是，他一边排队一边寻找老先生的优点。突然，他发现老先生虽然弯腰驼背，但有一头漂亮的头发，于是他就对老先生由衷赞赏道："先生，您的头发真漂亮！"

老先生一向为拥有一头漂亮的头发而自豪，听到心理医生的赞美非常高兴，顿时变得开朗起来，挺了挺腰，道谢后哼着歌走了。

主动夸奖老先生的头发漂亮，就能够让老先生变开心，这不就是语言上的助人为乐吗？

写本书的过程也是让我学会更主动夸人的过程。

我在贵阳机场登机舷梯上，看到一中年男士梳中分头，很帅气，就夸他："你的头发好有型，好帅气，在哪儿剪的？"

他马上咧嘴笑，说："在贵阳剪的。"主动给陌生人送上一句好话，等于给对方送上一份好心情。

在餐厅看到面带微笑的服务员，我也会夸奖她："姑娘，你的微笑很灿烂，将来一定会有好运。"

她问是不是真的，我说相信我，一定会。姑娘笑得更灿烂了。

3. 高级境界：人贬我，我夸人

人贬我，我夸人，就是即使对方对你说了难听的话，你仍然能对对方讲好话，这就是讲好话的高级阶段，同时也是一个人有宽阔胸怀和较高修养的体现。

西汉丞相公孙弘年轻时家里很穷，后来当了丞相，坐拥万贯家财，但生活依然保持俭朴，吃饭只要一道荤菜，睡觉只盖普通被子。

一向对他心怀嫉妒的大臣汲黯向汉武帝参了他一本，说他贵为丞相，俸禄丰厚，但只吃一个荤菜，只盖普通被子，这么做实际上是为了沽名钓誉。

汉武帝想想觉得也有道理，就问公孙弘汲黯所言是否属实。公孙弘知道这是汲黯存心"黑"他，但并没有发火，而是笑着说汲黯说得一点没错，满朝大臣中，他跟我交情最好，也最了解我。今天他当着众人的面说我，正切中了我的要害。我位列三公，生活水准和普通百姓一样，确实有点沽名钓誉。他冒着失去朋友的危险向皇上您反映这个情况，说明他对您一片忠心。

汲黯见公孙弘不但不恼恨自己，还向皇帝夸奖自己忠心，顿时羞愧难当，不但打消了嫉妒，而且从此把他当成了自己最好的朋友。

人们常说：宰相肚里能撑船。这句话在公孙弘身上得到了很好的印证。汲黯在皇帝面前说了自己的坏话，而公孙弘仍然不记恨，还反过来夸奖汲黯的长处，一般人很难做到这一点，我们常人应该学习这一点。

一个优秀的销售人员"肚子里也能撑船"。当别人贬低你时，也仍然能夸奖对方。吴甘霖老师在他的《方法总比问题多》一书里讲了一个真实的故事。

胡小姐是某家保险公司的寿险顾问。保险是一个挑战性很大的行业，很不受人待见，有些客户一听到"保险"二字就有负面想法，直接扭头就走，胡小姐偏偏能把别人的这一负面想法消除。

有一次，胡小姐的一个朋友介绍了一家企业的老总给她认识。这是一个很好的推销对象，朋友也牵好了线，老总答应见她，于是胡小姐兴冲冲地去了。不料，那位老总一见到她就给她来了一个下马威，说你这么年轻、漂亮，又有高学历，干什么不好，偏偏要去干保险？我就没有发现保险有什么好，起码我从来不买保险。

遭此打击，胡小姐的心拔凉拔凉的。她才明白：原来这位老总答应见自己，不是想买她的保险，而是碍于朋友的面子。

但胡小姐并不想就此打道回府，相反，她觉得应该适当地妥协退让，以此作为一种策略。于是，她调节好心情，微笑着对老总说："您说的太对了，说到我心坎上去了。"老总纳闷了，明明自己不想买保险，拒绝了她，她怎么说自己说的对？

胡小姐接着说："您说的很对，我年轻，也不算难看，又有高学历，没必要跑来干保险，其实我是朋友介绍来干这个行业的。做了一段时间，心里正处于矛盾之中。既然您提到做保险没有好处，您能否帮助我总结一下保险到底有哪些不好，我好以此作为依据，决定要不要继续干这个行业。"说完她就拿出一个本子来开始记录。

看到胡小姐这么虔诚，老总就开始历数干保险的坏处，一共说了四条，然后就没了。他大概看到这么可爱的一个女孩在自己面前，觉得不该太过分，于是说："当然保险也不是什么都不好，也有它好的一面。"

胡小姐等的就是他这句话，立即表示："我知道您是学经济的，关于保险的好处，想必您也会总结得很到位。"

老总一听这话，就开始总结起保险的好处来，加上胡小姐擅长引导，老总越谈越开心，说出干保险这一行的好处越来越多。

当他谈到一定程度时，胡小姐一笑，说："谢谢您的总结。您看，您现在总结保险的长处有七条、短处有四条。我到底应不应该继续干这个行业呢？"

老总一听，愣了，之后哈哈大笑，说："好吧，我本来是很抵触保险的，但经你这么一说，我就下决心投保了。你帮我参谋一下，我应该做一个怎样的保险计划？"

就这样，胡小姐签下了平生最大的一张保单。

胡小姐说："与客人打交道，第一要点是永远不要与客户冲突，永远要先把'对'让给客户。"

这是一个经典的"人贬我,我夸人"的营销案例。胡小姐跟老总一见面,就被劈头盖脸一通数落:"你这么年轻、漂亮,又有高学历,干什么不好,偏偏要去干保险?我就没有发现保险有什么好。"紧接着又对她关起了大门:"起码我从来不买保险。"但胡小姐不甘挫败,以她的胸怀、智慧和技巧打动了他:"您说的太对了,说到我心坎上去了!"

面对贬低,这句夸奖让他们之间的谈话峰回路转,最后还促成了她平生最大的一单生意。

对于当老师的来说,对方批评你,你还能夸对方,就能变被动为主动。

我正在上朗诵课,一位学生当着全班同学的面对我说,老师,这首诗有个错别字,"愿你在尘世间获的幸福"的"的"字错了。

如果我说"就你能?真多嘴",那我就错上加错,更被动了。而我马上夸奖学生"好,你很细心,说得好",这样就达到了一箭双雕的效果:第一,学生被夸,会很高兴。如果你骂学生,学生一定会和你继续较真。第二,展示了你有胸怀,使学生更佩服你。

二、顺序:先夸、中夸、后夸

1. 先夸:一见面马上夸

先夸,就是一见面看到对方的优点,马上进行夸奖。先夸,一般是夸外表,

所以目要明。 比如下面的例子：

战同学：这个星期，家里从老家来了两位亲戚——四姥姥和小姥姥。很久没见，当第一眼看到她们的时候，觉得她们仿佛还跟年轻的时候一样，那么开朗，那么活泼，没有一点老年人的感觉，而且依然是特别喜欢打扮自己。于是我就说：小姥姥、四姥姥，好久没见了，你们一点都没变啊，还是那么年轻！

四姥姥说：哪里啊，我们都老了。你看看你都长成大姑娘了，越来越像你妈妈年轻的时候了，还那么会打扮。

战同学很高兴，说：呵呵，谢谢四姥姥。

战同学的感悟：和姥姥们很久没有见面了，本来以为会生疏得没有话说，很怕场面会尴尬。但是当我一见到姥姥们，我就想起了殷老师教我们的"好脸好话"，我马上就露出笑容，赞美了她们，姥姥们也称赞了我，气氛一下子就暖了起来，多年没见的距离感好像一下子就消失了一样。

先夸的主要目的是：先声夺人，掌握双方交往的主动权，营造良好的沟通气氛。

有一年，我在中山市"香山论坛"做讲座，讲座结束时已经是晚上十点多了。这时中山电台的记者又提出采访，我本来有点累了，这位记者也看出了我的疲倦，边走出电梯边夸我："殷老师，我发现你的腿很长，身材比例真好！"

这一夸，我的倦意全消，不由自主地笑了："我是第一次听人这么夸我。你还真夸到了点子上，我年轻时跳过舞蹈，身材还不错。"

接下来，采访进行得十分顺利，不知不觉谈了一个小时，我还意犹未尽。

2. 中夸：谈话中间及时夸

中夸，就是在谈话进行中不断地夸奖对方。目的是"推波助澜"，让谈话气氛更热烈。

比恩·崔西是美国一位图书推销高手，有一次路过一家店铺时，看到一个年轻人正坐在里面的一张老板椅上看一本叫《富爸爸穷爸爸》的书，于是走进去笑着对他说："你也在看这本当今市面上最畅销的热门书啊？我也很爱看这本书。"

年轻人抬起头，说："这本书写得太棒了，简直就是一本大学教材，社会大学的大学教材。我没有上过大学，但我个人认为，在社会大学通常要比在课本上学到的东西多得多。"

"对，你说得很对，这本书里面的富爸爸提倡的就是这种观念。一个人具备什么样的心态和智慧，决定了他有什么水平的认识。从刚才你说出来的话，我可以判断出来，你对这本书不光是读一读那么简单，应该研究得很彻底了吧？"

"哈哈，我这人天生不爱上学，就爱看看课外书。"

"但你具备读书的天赋啊，只是你身边有一些长辈，比如你的老师或者父母，观念可能一时跟不上，没有赞同你。我感觉你很会运用知识。你看，你这么年轻就开了一家如此精致的店，以后你的店面一定还会不断扩大的。而且，如果你能将这本书的观念与你所在的领域结合起来去做事，你一定会很了不起的。"

听了崔西对他的观点和认识的逐一赞美后，年轻人谈兴大增，眉飞色舞，大谈特谈自己的理想和人生计划。最后他也接受了崔西推荐的几套与成功、理财相关的书籍。

刚一见面，崔西并没有急于马上夸奖，而是先找到一个跟对方可以深入交谈的共同话题——《富爸爸穷爸爸》这本书。随着话题的深入，他在谈话中不失时机地进行一次次夸奖，先说对方读书认真深入："我可以判断出来，你对这本书不光是读一读那么简单，应该研究得很彻底了吧？"接着又夸奖："你具备读书的天赋啊！""你这么年轻就开了一家如此精致的店。"

通过谈话中不停地夸奖，两人的谈话越来越热烈，感情越来越亲近，这位开店的年轻人也不由自主地喜欢上了崔西，并购买了他推荐的书。

中夸的要领：

① 倾听。雄辩是银，倾听是金。

只有在谈话时认真地倾听，才能抓住对方说话的真实意图和核心内容，及时准确地进行夸奖。

一位母亲问她五岁的儿子："如果妈妈和你出去玩，我们渴了，又没带水，而你的小书包里恰巧有两个苹果，你会怎么做呢？"

儿子想了一会儿，说："我会把两个苹果都咬一口。"

母亲听了这话很失望。她本想跟别的父母一样，对孩子训斥一番，然后再教孩子怎样做，可就在话即将说出口的那一刻，她忽然改变了主意，摸了摸儿子的小脸，温柔地问他："能告诉妈妈，你为什么要这样做吗？"

儿子眨了眨眼睛，说："因为……因为我想把最甜的一个给妈妈！"

听了儿子这话，母亲的眼里噙满了泪花。

如果母亲不让孩子把话说完，会带来什么样的结果？一定是骂一通孩子，还可能给他一巴掌，说你怎么这么自私？但正因为母亲听完了孩子的话，才理解了孩子对妈妈的爱心。我们要想在谈话中夸奖得准确，也要学会认真地倾听。

② 见缝插针。在两个人的谈话中，恰到好处地夸奖。什么是谈话的"缝"？就是对方表达完一个完整的意思，中间停顿之时。

③ 语言简洁。中夸不能啰唆，一啰唆就会喧宾夺主，破坏谈话的气氛。

有一次，我去采访一位局长，得知他的孩子教育得不错，就先聊起了孩子的教育。他特意给我举了个例子。

"我儿子是上重点小学还是上普通学校？当时我让孩子自己选择。我说：'重点学校离家远；普通小学离你妈单位近，但不是重点学校，你要自己努力，才能考上重点中学'。结果，我儿子选了离妈妈近的夏湾小学。最后努力考上了一中。这就是让孩子学会自己做决定，尊重孩子。"

我马上夸道："你这种教育方法很独特，充分尊重孩子，与孩子平等相处。我很受启发。"说完，我就停了下来，不说了。

被这么一夸，这位局长就很兴奋，又介绍了孩子在美国读书时很自立：一路听着郭德纲的相声，自己驾车开了5000公里。

聊完了孩子，再进行采访，就非常顺利。

在这段谈话中，我的夸奖是这样的："你这种教育方法很独特，充分尊重孩子，与孩子平等相处。我很受启发。"这就符合见缝插针和语言简洁原则。一是在局长完整地介绍了孩子上小学选学校这件事后，进行夸奖，属于见缝插针，时机掌握得当；二是用词简洁，不冗长，没有破坏对方的谈兴。如果我这时话太多，反客为主，滔滔不绝，对方就会觉得自己被冷落了，中夸的效果就无法达到。

3. 后夸：听言观行之后夸

后夸，一般是夸品质等抽象的优点，因为品质是要通过做事体现出来的，不是一接触一眼就能看出来的。

我的一名学生大一就参军入伍了，当了两年兵后重返校园读书。我观察他有几个特点：一是准时守纪。在上我的职场礼仪课时，每次他都是第一个到教室，无论刮风还是下雨，只有他准时进教室。二是专注。上课他总是坐在第一排，聚精会神地听讲，从不做与上课无关的事情。三是勤奋。每次布置的课后练习，他都上百遍地练习。

到这门课结束时，我特意把他留下来，对他夸奖了一番："老师看好你！你很守时，学习非常专注，又很刻苦，这是人生成功的重要品质！继续努力！"

这位同学很激动，说："您是我最尊敬的老师，您的鼓励我会记一辈子，我一定不辜负您的希望！"

这就属于后夸。我通过一个学期的观察，并和其他同学进行比较得出结论。这些夸奖的话，就是对这位同学优秀品质的赞扬。

后夸，分为当时后夸和延时后夸。

当时后夸，就是马上对对方的语言或行动进行夸奖。后夸的时机转瞬即逝，一定要及时夸。

对于对方有值得夸奖的行动，要及时夸。

1862 年，德国哥廷根大学医学院的亨尔教授在对新生进行面试和笔试后，把自己多年积下的论文手稿全都搬到教室里，分给学生们，让他们重新仔细工整地誊写一遍。

当学生们翻开亨尔教授的论文手稿时，发现这些稿子已经整整齐齐。绝大多数学生认为根本没有必要重抄一遍，傻子才会坐在那里当抄写员，与其浪费时间去做这件事情，不如发挥自己的聪明才智去搞研究。于是，这些人都去搞研究了。他们想不到的是，竟然真有一个"傻子"坐在教室里抄写教授的论文手稿，他叫科赫。

一学期后，科赫把抄好的手稿送到亨尔教授的办公室。亨尔大为惊奇，他完全没有想到竟然有学生居然真的去抄写论文手稿，于是严肃地说："我向你表示崇高的敬意，孩子！因为只有你完成了这项工作。而那些我认为很聪明的学生，竟然都不愿意做这种繁重、乏味的抄写工作。"

教授最后还说："我们从事医学研究的人，不光需要聪明的头脑和勤奋的精神，更需要具备一丝不苟的精神。特别是年轻人，往往急于求成，容易忽略细节。要知道，医理上走错一步就是人命关天的大事啊！而抄写那些手稿的工作，既是学习医学知识的机会，也是一种修炼心性的过程。"这番话让科赫大受震动。在以后的学习和工作中，科赫一直牢记教授的话，老老实实做最"傻"的人，一直保持着严谨的学习态度和研究作风。这种做事态度让他在历史上首次发现了结核杆菌、霍乱弧菌。1905年，由于其在细菌研究方面的卓越成就，获得诺贝尔生理学或医学奖。

让学生抄手稿，本身就是一次考查，考查这些聪明的学生有没有脚踏实地的学风。当科赫成为唯一完成这次考查的学生，将工工整整抄写好的手稿交到亨尔教授手中时，亨尔教授及时进行了夸奖。正是老师及时的夸奖，肯定了这种"傻子精神"，培养了科赫的"傻"劲，使他最终成就了一番事业。

再来看看我的学生练习当时夸的一个例子。

陈同学：上周我在宿舍做专业课演讲的PPT，花了大概两小时才把PPT的雏形做好，但是还差一些画图，我做了好一会儿都没做好。我室友看我做了那么久都没做好，就提出帮我。于是我把PPT给了她，她用了不到半小时就把PPT做好了，而且还用了很多我平常没用过的功能。我说，你这个PPT技术实在是厉害啊！那么多高端的功能你都知道，太牛了。没有你的帮忙，估计我还要弄很久呢。

室友听了很高兴，说：这些都是我去年暑假去坦桑尼亚实习时学的，当时学了不少做PPT的技术。这个暑假，我在家没事还把PPT的各种功能都研究了一遍。

陈同学的感悟：室友帮我做了课件，我马上表达了感谢之情。这里进行及时夸奖很重要，否则等黄花菜都凉了再去感谢，就收不到良好的效果。

后夸的第二种情况是延时后夸。

延时后夸，就是虽然因为种种条件限制，不能当时夸奖，但事后也一定要

<u>表达出来。</u>

讲个我自己关于后夸的故事吧。

1995年,我和家人到北京旅游,偶然听同行讲,第二届金话筒奖又要开始评选了。于是我找到主办方的负责人白谦诚老师,打听评奖的具体情况。他告诉我,后天就要在长春开评了。我问,如果在开评前将作品送到长春,还来得及吗?他说可以。于是我当晚就飞回珠海,向台长汇报评奖的事。没想到我们台长非常支持,马上同意我明天就飞长春送参评节目。第二天一早,我就赶到广州,坐飞机飞到长春,终于按时将节目送到了评委会。

由于第一次参评准备仓促,我只得了金话筒银奖。但正是这次参评让我积累了经验,明确了方向,终于在两年后的第三届金话筒奖评选中拿到了金奖,跟白岩松、敬一丹一起站到了领奖台上。

对于金话筒奖,很多年来我都觉得是靠我自己的努力得来的,可是随着年岁渐长,我才慢慢悟出,没有贵人相助,我是得不了金话筒奖的。1999年,我的老台长彭大鹏退休了。回想起与他相处十年的往事,我才突然醒悟,自己在事业上的每一点进步,都跟老台长的关心、支持和提携是分不开的。老台长就是我职业生涯中最重要的贵人。在欢送会上,我终于表达了自己内心的感恩:彭台长,您就是我的贵人,没有您就没有我的今天。

感恩的话我虽然说得有点晚,但我说出来了,让老台长听到了,我也就不后悔了,内心就踏实了。而且从那年至今,每逢过年过节我都会登门看望老台长,感谢他对我的培养。

当然,如果拿当时夸和事后夸相比,还是要选择尽量当时夸,如果条件确实不允许,那也不要忘了事后夸,因为夸了总比不夸好。

这"三夸"的作用概括起来就是:

<u>先夸——先声夺人,掌握主动;</u>

中夸——"推波助澜",巩固气氛;
后夸——绕梁三日,余音不绝。

三、深度:夸外表、夸能力、夸品质

1. 夸外表:夸人的外在形象

夸外表,就是指夸奖人的外在形象。如"你好帅啊""你皮肤真好""你走路真挺拔"。

夸外表,主要目的是快速沟通,拉近距离。一般是在与陌生人刚见面时使用。

如果与人交往只是一味夸外在,就显得肤浅。尤其是对孩子的外貌进行夸奖,更要小心。

我的一个朋友××对我讲过一个为夸奖外貌而道歉的故事,我听了很受启发,分享如下:

××到北欧某国做访问学者,去当地教授家中做客,看到教授五岁的小女儿满头金发,漂亮的眼睛像一湖清澈纯蓝的水,顿时惊为天人。××送给小朋友一份从国内带去的中国礼物,小女孩微笑着道谢,××禁不住夸奖她长得漂亮,很可爱。

教授当时并没有说什么,但女儿走了之后,她开始义正词严地对××说,她伤害了自己的女儿,要她道歉。

××大惊，说自己一番好意夸奖她的女儿，问"伤害"二字从何谈起。教授摇摇头，说你是因为她的漂亮而夸奖她，但长得漂亮这件事不是她的功劳，这取决于我和她父亲的遗传基因，与她个人基本上没有关系。孩子还很小，不会分辨，你的夸奖会让她认为这是她的本领。而且她一旦认为天生的漂亮是值得骄傲的资本，就会看不起长相平平甚至丑陋的孩子，这就给孩子造成了误区。你可以夸她的微笑和有礼貌，这是她自己努力的结果。所以，请你为你刚才的夸奖道歉。

××说后来她很正式地向教授的女儿道了歉，同时表扬了她的微笑和有礼貌。

从那以后，××每当她看到漂亮孩子，都会对自己说，忍住你对他们容貌的夸奖，从他们成长的角度来说，这种事要处之淡然。孩子不是一件可供欣赏的瓷器或者一片可供抚摸的羽毛。他们的心灵像透明皂，每一次不当的夸奖都会留下划痕。

2. 夸能力：夸人的专长和本领

夸能力，就是指夸奖人的专长和本领。如"你的歌唱得真好""你的课教得真棒""你炒的菜真好吃"。

夸能力，是一种给人信心的重要方法。乐嘉在安徽卫视《超级演说家》里当评委，就很善于使用这种方法，给落败的选手鼓励打气。

2014年5月2日，安徽卫视《超级演说家》的舞台上来了一位中国台湾选手——气球脱口秀表演者李圣堂。李圣堂用气球做的东西非常漂亮，但是他的演讲没有得到导师们的青睐，李咏认为"他表演的精彩让我们忘记了他演讲的精彩"。乐嘉则评论说："在刘谦上春晚、大家知道他会变魔术之前，我和他有'两面之交'。当时，我就觉得他是一个很会说话的人，如果演讲的话可以演讲得很好。但是，后来我发现，他的魔术变得实在是太好了。所以，无论他讲得再怎么好，永远都无法磨灭他在人们心目中魔术师的形象，当他讲完了之后，人们无法认为他是一个会说话的人。所以，对圣堂的人生来讲，他应该成为一个伟大的气球造型师，因为你通过气球造型带给千千万万的人快乐，远比你成为一个好的演说家重要得多。今天，我非常遗憾不能和你在一起，但是我特别希望你能收下我做你的徒弟，教我做好的气球造型。"

李圣堂在浙江卫视的《天下达人秀》节目中大受好评，说明他是有能力的，但在参加安徽卫视的《超级演说家》节目中铩羽而归，让人大跌眼镜。乐嘉是怎样鼓励这个失败的选手的呢？夸能力，高度认可李圣堂的专业技能，而且还要拜他为师。这一番夸奖就让李圣堂树立了信心，认清了自己的方向，而且帮助他做出了人生的正确选择。

夸能力，一般是事后的由衷评价。我上完"当众讲话训练"课后，经常听到学员这样的评价：

老师，您教的耳语练声法真灵。过去我就是找不到气沉丹田的感觉，一练耳语法，一下子就找到了小腹收紧的状态。

老师，您的课程特别实用，让我们的讲话能力真的提高了。

老师，您的课互动性真强，让人不会打瞌睡。

这些夸奖就是对我的讲课专业能力的一种认可。

3. 夸品质：夸人的思想、品德和认识

夸品质，就是指夸奖人的思想、品德和认识。如"你特别有恒心""你特

别有孝心""您既教书又育人，不愧是名师""你讲的话特别有哲理""你非常有远见"。

夸品质，需要夸奖人的人有一定的思想内涵和独到见解。

敬一丹的丈夫在夸品质方面就很有水平。

敬一丹40岁那年，产生了职业上的危机感和失落感。妻子情绪的变化没有逃过丈夫王梓木的眼睛，他真诚地对敬一丹说："作为女主持人，一直以来你不是靠青春美丽吃饭的，你之所以能赢得观众的喜爱，更多的是靠自己的智慧、学识、修养和内在的气质。年龄对一个人来说，可以是一种负担，也可以是一种财富。"

丈夫看似平淡的话，在敬一丹听来却铿锵有力，给了她信心、勇气和力量，使她的心境豁然开朗。是啊，自己虽然比那些年轻的女主持人少了一些活泼和靓丽，但她沉稳大气的主持风格对观众来说，是另一种快乐和享受。

一位学员夸我的课程："老师，您不光教讲话技巧，还传递哲学价值。比如您讲的'大道至简''简单练到极致就是绝招'等，都特别有哲理，让我很受益。"

这种评价就很独到，我听了印象特别深刻，觉得说到我的心坎上了，因为我的确是把传道授业解惑作为讲课的追求。

我有位同行兼朋友，因为长期当记者，也培养出了夸品质的能力。

这位朋友说，他采访过一位皮肤病专家，该专家在珠三角和港澳一带很有名气，每给一位病人看完病，开完药，都要求病人拿完药再回来，她要根据不同的病情告诉病人用药的具体时间和方法，并给病人写在药盒上。听了她的介绍，这位记者就很诚恳地夸奖：您这真是仁心仁术、济众博施啊！

她说，不敢当，不敢当，不过这的确是我的追求。

经过好话训练，我的大部分学生都能做到夸外在、夸能力，有少部分同学已经可以做到夸品行了。摄影系的黄同学夸品行的作业给我印象很深。

黄同学夸室友李锦崇

黄同学：阿崇，看你最近为了毕业作品的拍摄忙里忙外，我非常高兴。你不愧是我们全系的劳动模范，大家都没动手，你已经忙活开了。从大一认识你到现在，我就觉得你是一个在专业上严于律己的人，对于影视一丝不苟。你曾经问我，像你这样的人会不会成功，会不会以后的成就只是个高级技术工人。我想说的是：坚持很难。能坚持到最后的人就是胜者。我现在就看到了你身上的这种成功潜质。你会赢的，相信我。

阿崇：真没想到你对我评价这么高。我一直以为我只是一个埋头技术的愣头青，对系里的活动也不热衷，GPA（平均学分绩点）也不高。我的父母喜欢把我和我的书呆子哥哥做比较，认为我不如他。我一直生活在这样的阴影下，没想到被你一语点破。我之前一直忽略了自己的闪光点。很感谢你。

黄同学的感悟：阿崇是影视系的技术骨干。他不是传统意义上的好学生。虽然 GPA 并不高，但专业课一直名列前茅。他有一个亲哥哥学习成绩非常好，父亲从小拿他哥哥和他比较，这让他的心灵多少有一些挫伤。通过我的夸奖和表扬，他意识到把一行钻研到极致也是一种成功，从而重拾信心。这就是夸奖的力量！

应该说，这位黄同学真的不简单，他对阿崇同学的夸奖能让阿崇发现自己从未注意到的闪光点，并从多年的阴影中走出来，这就是实实在在地夸品质，让我这个当老师的也自愧不如。

怎样才能夸好他人的品质呢？三种能力很重要：第一，要有敏锐的观察力；第二，要有高度的概括力；第三，要有准确的表达力。

以上夸外表、夸能力、夸品质的三种夸法，在与人的沟通中都非常需要，如果全都掌握，那就是夸人的高手了。

四、对象：单夸、双夸、群夸

1. 单夸：两人相处，夸奖对方

单夸，不用多说，前面已经举了不少例子，重点说说双夸和群夸。

2. 双夸：一对二，一个夸奖能让两个人都开心

如果不会双夸，宁肯不要夸。为什么？作家方方在小说《惟妙惟肖的爱情》中描写一位叫雪青的表姐头发全白了，但她没有染黑，而是漂得更白。她的衣着明亮典雅，脖子上系着一条丝巾，衬着一头白发，反而更有气度，更加俏丽。见到表弟禾呈夫妇，满面笑容，比以前愈加亲热。一个跟班说：我好感动啊，董事长这么高贵的人，对自己的穷亲戚一点架子都没有。

这话说得禾呈老婆一脸不悦，心想她算什么，她有资格在我们面前摆架子？想完便说，是啊，我们家的人都是这样，我先生是大学教授，看到商人也都是不会摆架子的。

她的这番话说得那个跟班一脸茫然，不知道这两个寒碜的老家伙是何方神圣。

一句"董事长这么高贵的人，对自己的穷亲戚一点架子都没有"，虽然夸奖了董事长，但得罪了表弟夫妇，招来了一顿冷嘲热讽。这个跟班说的话就是典型的不会双夸。

双夸怎么夸？关键是要找准双方的共同点。来看个笑话。

有人以口齿伶俐见长，别人向他求教诀窍。他说，很简单，看他是什么人，就跟他说什么话。例如，对屠夫就谈他卖的猪肉好，对厨师就夸他的菜做得好。

求教者问，如果屠夫和厨师都在座，该怎么说才好？他说，那就说这盘红烧肉真好吃。

屠夫和厨师感兴趣的共同点是什么？肉好吃。猪肉，是屠夫卖的；红烧肉，是厨师做的。说红烧肉好吃是一举两得，既夸了杀猪的屠夫，又夸了做菜的厨师。

有一次，我和北京中金咨询公司的杨总和小尹吃饭。我对着杨总夸小尹："小尹很有大公司员工的风范啊。我们一起去上课时，小尹穿白色短袖衬衣、黑色西裤，打着粉红色领带，提着黑色大电脑包，衣服很合体，从言谈、服装就可以看出公司的文化。"小尹说："我们公司的其他员工外出和我一样。"

小尹待人接物和着装都很得体，说明公司文化抓得到位，落实得好。这种夸奖，一举两得。在老总面前被夸，小尹高兴；杨总听了别人夸自己的下属也高兴，说明自己领导有方。

双夸可以一举两得。通过夸奖一个人，让两个人都高兴。比如当着父母的面夸孩子。

陈同学：过年时，常常会有父亲的很多朋友来家里做客吃饭，这个时候我总会在厨房给母亲帮忙。每当吃饭要添碗筷或食物、配料的时候，我总是抢先奔去厨房拿。

客人：阿珊真乖啊，勤快，懂事，而且孝顺。你爸爸真有福气啊！

陈同学：叔叔过奖了。好不容易才将您请到我们家做客，生怕怠慢了您啊。

3. 群夸：夸奖一群人

先来看个群夸高手——《红楼梦》里王熙凤的例子。

当林黛玉第一次踏进贾府的大门，前来拜见外祖母贾母时，贾母的三个孙女迎春、探春、惜春，还有她的两个舅妈也在场。王熙凤听说后急忙前来看望。进屋一见黛玉，就拉着贾母的手惊奇地上上下下打量一番，然后送至贾母身边坐下，笑着对贾母说："天下真有这样标致的人物，我今儿才算见了！况且这通身的气派，竟不像老祖宗的外孙女儿，竟是个嫡亲的孙女，怨不得老祖宗天天口头心头一时不忘。"

先说这屋子里有几个人：林黛玉、贾母、迎春、探春、惜春和两个舅妈。面对着这七人，王熙凤的群夸技巧运用得炉火纯青。一句"天下真有这样标致的人物"，先把林黛玉夸了。如果只夸到这里，站在旁边的那三位孙女难免失落，可王熙凤话语一转，"竟是个嫡亲的孙女"，意思是就像在贾母的养育调教下的亲孙女一样聪慧有气质，不但夸了黛玉，也夸了贾母和那三姐妹，三姐妹的母亲听了自然也高兴。这句话才体现出了王熙凤说话八面玲珑的功夫，让所有人内心舒坦。

接下来，我们再来看生活中群夸的几个例子。

"二战"期间，艾森豪威尔担任欧洲盟军最高司令。有一次，他对一支由美军和法军联合组建起来的队伍说，你们是能够赢得战争的人，我很荣幸成为你们的指挥官。一位指挥官往往要极力说服他们的士兵，而我不需要这样，我只会从你们身上得到鼓励。

不用说，这段话能给士兵们带来极大的激励。作为盟军统帅，艾森豪威尔领导着美国、英国、法国、加拿大、波兰五国军队。没有出色的领导艺术，是无法形成合力打败希特勒的。而从上面这段群夸的话中，我们可以管中窥豹，感受到艾森豪威尔的领导艺术。

我到企业做培训时，事先都会尽量了解培训对象的有关情况，使课程内容更有针对性。而且在上课前的几分钟，习惯把自己了解情况后的感受作为开场白。

我在深圳清华大学研究院给企业家讲课时，是这样开头的："来深圳讲课，我的感受就是两个字：可怕。深圳是一座可怕的城市。中国企业的领军品牌雨后春笋般地出现在深圳。像万科，是房地产业的龙头企业，平安是保险业的翘楚，招商银行是中国银行业创新的榜样，华为是世界顶尖的通信设备公司。而最可怕的是深圳企业家如饥似渴的学习精神。在座的各位就是一个最好的证明，放弃了周末的休息，走进清华的教室。"

这就是群夸，找到一群人的共同点，把自己的感受表达出来，产生和谐的讲课氛围。

我在演讲培训过程中，看到每个学员都全身心投入，积极练习，我就马上夸奖："你们班像干柴一样，一点就着，是我见过的学习兴趣最高的班级！"

学员一听都很兴奋，一时间掌声如雷。

著名演讲家李燕杰老师更高明，他曾用一首诗进行群夸。

李燕杰有一次去首都一家大医院演讲，一开头就朗诵了他创作的一首诗："每当我忆起那病中的时光，白衣战士就引起我深情的遐想。他们那人格的诗、心灵的美，还有那圣洁的光，给我以顽强生活的信心，增添着我前进的力量！"

随着朗诵的进行，看书的人慢慢抬起头来，说话的人逐渐安静，来回走动的人不约而同地停了下来，当他朗诵完最后一个字时，全场响起了热烈的掌声，经久不息。

五、最需要讲好话的三类人：领导、亲人、教师

好话人人都需要讲，对于三类人来说，更是至关重要。

哪三类人呢？君、亲、师，也就是做领导的、当父母的和当老师的。为什么？因为他们都担负着教育人、培养人的重任。

1. 领导要夸下属

如果没有受到激励，能力只能发挥 20%。

有人说："能力会在批评下萎缩，而在鼓励下绽放花朵。要想成为有效的企业领导者，必须学会高声赞扬下属。"

夸奖是管理者必备的领导艺术。对于领导者来说，会夸奖下属，就是会激励；会激励，队伍就有士气。

美国心理学家威廉·詹姆斯研究发现，一个没有受到激励的人，仅能发挥其能力的 20%~30%，而当他受到激励时，其能力可以发挥至 80%。

• 天天训人，只会导致员工离职率变高

当领导的不会夸人，会出现什么结果呢？

一位著名中医讲过一个故事，说他有个女患者，非常能干，28 岁就当上了一家大型网站的部门老总。不幸的是，她得了乳腺炎，跑来找他看病。一了解病因，原来是压力太大所致。她手下有 2000 人，可是下属的离职率达到 20%。老板对她说，如果今年离职率还这么高，你就先离职吧。她心里的压力可想而知。

为什么手下离职率高，她百思不得其解。这位中医跟她一聊，找到了原因。原来是她爱当众训人，每天开例会都说："成绩咱们就不说了，就谈谈问题。"

然后开始一一指出手下经理们的不足,从来没有表扬过他们,搞得人人寒心,心生怨气,离职率自然就高了。

这位中医就给她出了一招:当面表扬,背后批评。从此以后,每逢开会,她对大家的成绩一一表扬,而对他们存在的不足,都是会后关起门来单个指出,很快离职率就降到了10%以下。中药调理加上工作方法的改进,她的乳腺炎也好了。

人都是有自尊心的,一个当领导的只会批评人,就等于不尊重下属的自尊,只是把下属当成完成任务的工具,员工离职率高就成了必然结果。当面表扬,背后批评,看起来只是一种手段,但在这种手段的背后是对下属的尊重,当下属感受到你对他的这份尊重时,自然就会回报你。

做管理的人都知道,当两个下属发生矛盾时,上司怎样进行调解处理,往往是件很棘手的事。王雨在《演讲与口才》杂志上讲了一件总经理靠夸奖打好"五十大板"的真事。做管理的人看了以后也许会有所启发。

这个故事说,一个叫陈佳丽的女子在一家传媒公司上班,一天,她做完手头的工作后,主管安排她帮其他员工处理点紧急事务。由于她不熟悉这项业务,不经意间出了纰漏,几天后被发现时,已经造成了损失。主管严厉批评了她,但她觉得很委屈,认为自己多做了事情却不讨好,就此跟主管闹僵了。

总经理了解了情况后,把他们两人叫到办公室,对他们谁都没有批评,而是首先对陈佳丽说:"你的工作很勤奋,效率很高,我是很满意的。我们公司的业务涉及多个领域,如果你能够多研究一下其他方面的业务,对你的发展会更有好处。"接着,总经理又对主管说:"你对公司的管理很负责,各项工作安排得有条有理,让我放心很多。你是公司的老员工,如果在工作中能多对新员工进行一些'传帮带',那就做得更好了。"两人听后,放松了心情,和好如初。

工作中上下级之间发生矛盾是常有的事,但如果处理不当,很容易破坏正常的工作关系。作为上一级领导,对上面这两位下属应该怎样处理呢?如果将板子打在一个人身上，被打的那个人肯定不服；如果各打五十大板，两个人都会不服。而这位总经理将夸奖人的管理方法运用得炉火纯青，谁都不打板子，而是对两人先后一通夸，再提出希望，让两个人都有面子，也让他们认识到了自己的不足，还消除了他们之间的隔阂。

你说，夸奖人是不是处理下属矛盾的高招呢？

● 竺可桢校长夸人树榜样

做管理工作的人掌握了夸奖的艺术，有时不光能调动下属的积极性，还能达到夸一人为众人树榜样的目的。

中国"两弹"元勋王淦昌的婚姻非常传奇。王淦昌四岁时，他的父亲溘然长逝，家庭的重担压在了两位哥哥身上。九年之后，母亲又撒手人寰。看到最小的外孙王淦昌失去双亲，外婆决定给他成个家，在他13岁的时候，为他娶了比他大三岁的女孩吴月琴。对于这样一个目不识丁的小脚女人给自己当夫人，王淦昌多少觉得有点不甘和遗憾。直到浙江大学竺可桢校长的一次夸奖，才让他改变了看法，彻底爱上了吴月琴，跟她携手共度一生。

抗日战争爆发后，淞沪会战失败，杭州落入日军之手，浙江大学被迫迁往贵州省的小山城湄潭。王淦昌在颠沛流离中不幸染上了肺结核。学校几个月都发不出薪水，一家七口的生活重担全都压在了吴月琴肩上。

一天，吴月琴指着荒山坡对王淦昌说："明天我就把屋后这块荒坡开垦出来，种上菜，养一群鸡，你看怎么样？"

"好是好，可是你生完孩子才几天，身体怎么吃得消？"王淦昌关切地说。

"没事的，"吴月琴不以为然地说，"只要你和孩子不饿着冻着，我吃点苦算不了什么。"

第二天，太阳刚刚升起，吴月琴就在山坡上干开了。几天之内，她在荒山坡上开垦出了一片菜园，种上了蔬菜，还在家养了一群鸡。

校长竺可桢看到后，当着王淦昌的面啧啧称赞："王教授，没想到你这'小脚太太'真能干啊,让她给浙大的教职工家属传传经,垦荒自足,这是教授夫人用女人的双手击退日本鬼子兵啊!"

第一次听到妻子受到校长表扬,王淦昌十分高兴,开始对自己的"小脚太太"刮目相看。

相信你一定能看出来,竺可桢校长这几句夸奖,一举多得,显示出高超的领导艺术:第一,让王淦昌为自己的小脚太太自豪,夫妻关系更和谐;第二,为全校教职工家属树立一个自力更生的榜样;第三,上升到了为抗战做贡献的高度。

看了上面这三个例子,你觉得对于一个好领导来说,会夸人究竟是可有可无,还是必不可少?

2. 亲人之间要互夸

亲人之间的夸奖,重点是两个方面:一是夫妻之间要相互夸奖,二是父母对孩子要会夸奖。

● 夫妻之间互相夸

为什么把夫妻之间的夸奖看得这么重要呢?先说说夫妻关系的重要性。

一是夫妻关系是家庭关系的基础。

儒家认为,人际关系共有五种:夫妻、父子母子、兄弟(姐妹)、朋友、君臣(上下级)。在这五种关系中,最基础的关系是什么?是夫妻关系。没有夫妻关系,就没有父子关系,也没有兄弟关系,也不可能有君臣关系,更不可能有朋友关系及社会成员的关系。因此,夫妻关系是家庭关系的基础,是产生一切社会关系的基础。

基础不牢，地动山摇。夫妻关系这个基础打好了，其他四种关系就很好处理了。

二是夫妻关系处理的难度大。

在家庭生活中，夫妻关系是最难处理的。父子、兄弟之间有血缘当纽带，有天然亲近感。而夫妻之间，原来没有血缘关系，双方来自不同的家庭，接受的是不同的教育，两个人的性格不同，生活方式不同，追求、目标和价值观也不同，在一个屋檐下朝夕相处，确实不容易。

再说说夫妻相互夸奖的重要性。

• 下等夫妻人贬人

过来人都知道，夫妻离婚，十有八九都是由吵架引起的。夫妻吵架，就是相互贬低。

著名作家刘墉在《把话说到心窝里》一书中讲过一个故事。

有一对夫妇为了一点小事吵架，要离婚，起因居然不是坏事，而是好事。

一天，太太买到一条很好的石斑鱼，特地打电话到她丈夫办公室，说你离开办公室时，打个电话回来，我好下锅蒸，蒸这石斑鱼，多一分钟少一分钟都不行。

太太计划得很好：丈夫出门，她蒸鱼；丈夫进门，鱼正好可以上桌。

偏偏丈夫在下班刚给他太太打完电话时，碰上一位客户突然造访，因此耽误了20分钟。送走客户后，丈夫赶紧又拨了个电话回家，说临时有事耽搁了，现在才能走。太太一听，暴跳如雷："什么？你还在办公室？你不知道鱼凉了不好吃吗？你知道这条石斑鱼多少钱吗？"

丈夫没多说什么，赶紧开车赶回去，一路上又急又饿，还差点撞了人，一到家就没好气地说："鱼凉了就凉了嘛！热热不就得了？"太太一听这话，气更是不打一处来："你是没命吃好鱼，以后就给你吃凉的。"

两人当场就吵翻了，互相扯开嗓子吼，把孩子都吓哭了。一条好好的石斑鱼放在桌上，谁都没吃，两人还差点离了婚。

- **上等夫妻人抬人**

什么叫"抬"？就是夸奖。夸奖就是夫妻避免吵架的一剂良药。

夫妻一方"抬"，就能消除怒气，平息吵架。

妻子在厨房喊丈夫吃饭，而他正在客厅看电视没听见，妻子又叫了几次，他还是没反应。妻子生气了，一脸怒气地来叫他："叫你吃饭好几次，你听不见啊？"

丈夫如果此时针锋相对，很容易引发争吵，最理智的做法是不接招。过了一会儿，丈夫对妻子笑脸相迎："对不起，老婆别生气，刚才真的没听见！"

妻子看到他的笑脸，怒气消了一半。来到餐厅，他又主动摆好碗筷，顺便来上一句："老婆，你做的饭菜真好吃！"

妻子见他勤快，又听到他表扬自己，心里剩下的怒气自然就烟消云散了。

双方互"抬"，就能家中无战事，长治久安。

我有个朋友，夫妻很少吵架。问其秘诀，答案就是互抬。

朋友是一名记者，从年轻时起就天天在家里"爬格子"。太太天天夸他："我就喜欢老公专心致志写东西、看书的样子！""抬"得老公笔耕不辍，越写越来劲。

老公原来不善言辞，慢慢地也学会投桃报李。太太把相夫教子的事全包了，他逢人就说："我太太就是四个字'贤妻良母'！"他太太听到这话，心花怒放，干家务管孩子更是乐此不疲。

天天夸的结果是，夫妻二人各司其职。几十年下来，家庭和和睦睦，老公写出了三本畅销书，当小学老师的太太也升了职，儿子上了重点大学，毕业后事业有成。

- **父母要会夸孩子**

可以说，每一个优秀的孩子都是在父母的夸奖和赞赏中成长的！因为父母是孩子的第一任老师，对孩子的影响最大。

我身边有很多人，自己的事业很成功，但就是没有教育好孩子。他们很苦恼，也百思不得其解。

根据我的观察，很重要的一个原因就是他们不会夸奖孩子。

有一位老总带着高中毕业的儿子一起来上演讲课。我一直夸奖他儿子进步很快。他却一遍遍当着孩子的面对我说："老师，我这儿子胆小，不爱说话，怎么办啊？"

还有一次，与几位朋友吃饭。一位从日本回来的女老总说，她的女儿几岁，非常调皮，学习成绩总是排在倒数三名。她用了各种办法，有宽有严，但都不见效。

后来有人问："你平常夸孩子吗？"她说："我就是没用这一招。回去就夸孩子。"

爱批不爱夸，实际上是出于父母的自私自利，训斥、指责只是发泄自己的不满，对犯错误、有缺点的孩子毫无帮助。长此以往，孩子和父母之间就会形成对立。

- **继母夸奖卡耐基，让他从坏孩子变成了人际关系学大师**

好孩子一定是夸出来的。

人们常说：后娘难当。但卡耐基的继母成了最成功的后娘，把一个坏孩子夸成了一位人际关系大师。

卡耐基小时候是一个淘气包。在他九岁的时候，他父亲把继母娶进家门。当时他们住在乡下，生活贫苦，而卡耐基的继母家境比他们家好。

他父亲一边向他继母介绍卡耐基一边说："亲爱的，希望你注意这个全社区最坏的男孩，他可让我头疼死了，说不定会在明天早晨以前就拿石头扔向你，或者做出别的什么坏事，总之让你防不胜防。"

出乎卡耐基意料的是，继母微笑着走到他面前，托起他的脸，看着他，轻轻抚摸他的头，对丈夫说："你错了，他不是全社区最坏的男孩，而是最聪明但还没有找到发泄精力的地方的男孩。"

继母说得卡耐基眼泪几乎滚落下来。从此，他和继母开始建立友谊。继母说的那番话成为激励他的动力，促使他日后创造了"28项黄金法则"，帮助了千千万万普通人走上成功和致富之路。在他继母来之前没有一个人夸过他聪明，他的父亲和邻居认定他就是坏男孩，但他的继母只说了一句话，就改变了他的命运。

卡耐基14岁时，继母给他买了一台二手打字机，并且对他说，你一定会成为一位作家。他接受了她的想法，开始向当地的一家报纸投稿。他了解继母的热忱，也很欣赏她的那股热忱，他亲眼看到她是如何用她的热忱改善他们的家庭的。

继母的那番话激发了他的想象力和创造力，也启迪了他的智慧，使他成为20世纪最有影响力的人物之一。

继母是怎样改变卡耐基的？就是靠夸奖，夸奖他是最聪明的孩子，坚信他一定会成为一名作家。

改变一个孩子就这么简单。当然，简单的事情你要肯反复做，发现孩子的优点并反复夸奖，孩子才能改变。

3. 老师要会夸学生

当老师的为什么要会夸奖学生？

第一，影响深。老师的一句话能影响学生一辈子。

我的朋友给我讲过一件事，说有一位厅级女领导，能力非常强，人缘也非常好，说话很有感染力，但有个死穴，就是从不开口唱歌，谁要让她唱歌，她马上拂袖而去。为什么？原来她上小学时，第一次开口唱歌，正在兴头上，没想到音乐老师大发雷霆："别唱了，比杀猪还难听。"就是这一句话给她留下了心理阴影，她发誓一辈子再也不唱歌了。

我的一位学生回忆了自己一次讲话失败再也不敢开口的经历。他的母亲是电台播音员，耳濡目染之下，他也有主持的特长。上初中的时候，他第一次担任学校的运动会解说，因为太紧张，有些结巴，结果主管的老师感到很没面子，就挖苦他："你妈妈还是播音员呢，你怎么一点都不像她？"这句话在他心中留下了阴影，从此他一上台主持就结巴，再也无法上台主持了。

- 老师责骂学生，险遭杀身之祸

《成都商报》报道过一件事：彭州有一位姓文的老师万万没想到，自己曾教过的一名叫张润（化名）的学生在离开学校后的七年间练习散打，竟然是为了报复老师。这名学生把自己工作中的一切不顺都归结于老师的教育问题，毕业七年后开始了一系列疯狂的报复举动：先是带着钢管到学校，被发现后翻墙而逃，此后又踢开学校大门，拿着菜刀猛追曾经的班主任，并挟持两名学生，要求老师当面道歉，直到警方赶来将他当场抓获。

这一切竟源于七年前老师曾经当着全班的面责骂过他，他想忘都忘不了。

老师的一句责骂，让一名学生走上犯罪的道路，实在令人震撼。

第二，影响大。一名老师一个班要教几十个孩子，一辈子要教上千个学生。

若教育得法，孩子成才，桃李满天下。

一名优秀的老师最核心的素质是什么？博爱，爱每一个学生。有了博爱之心，就会发现每一个学生的优点，夸奖每一个学生的点滴长处。

● **陶行知四颗糖果夸学生**

我们先来看一则关于著名教育家陶行知给学生四颗糖的故事。

有一名男生扔泥块砸自己班上的男生，校长陶行知发现并制止他后，让他放学后到校长室去。

放学后，陶行知来到校长室，那名扔泥块砸别人的男生早已等着挨训了。但陶行知并没有发火，而是笑着掏出一颗糖果递给他，说：这是奖给你的，因为你按时来到这里，但我迟到了。

男生不知他葫芦里卖的什么药，犹犹豫豫地接过糖果。随后陶行知掏出第二颗糖果递给他，说：这是奖励你的，因为我不让你打人时，你立即住手了，这说明你很尊重我，我应该奖你。男生听了这话目瞪口呆。

这时陶行知又掏出第三颗糖果塞给他，说：我调查过了，你之所以扔泥块砸那些男生，是因为他们欺负女生；你砸他们说明你很正直善良，而且有跟坏人做斗争的勇气，应该奖励你！

男生非常感动，向陶校长承认自己的错误，砸的不是坏人，而是同学。

陶行知满意地笑了，随即掏出第四颗糖果递过去，说：为了你正确地认识自己的错误，我再奖给你一颗糖果，我没有更多的糖了，我们的谈话也可以结束了。

按照常人的思维，这个孩子理应受到批评，而陶行知校长却一反常规，变批评为表扬，居然发现了这个学生的四处闪光点：守时、尊重、正直、自觉认错，还送上四颗糖，进行了四次表扬。这正是一个教育家的过人之处：博爱之心！

喜欢学习好的，讨厌学习差的；喜欢听话的，不喜欢调皮的，都不叫博爱。只有像陶行知先生一样，爱每一个孩子，才可能见常人所未见，从一个淘气学生的身上发现四个优点，并以四颗糖奖励。我想，这四颗糖、四句夸奖，一定会让这个孩子铭记终生，做一个守时、尊重人、正直与有错就改的人。

• 名师每天准备 100 顶高帽送给学生

于永正老师是全国有名的小学特级老师，他有句名言叫"准备 100 顶高帽，送给学生"，就是说要善于夸奖每一个学生。有位老师在博客里讲了于永正老师的一个例子。

有一次，于永正老师在江苏一所小学上示范课。课堂上要让学生练习写字。字写得好的画红圈，比如有三个字写得不错，就画三个红圈。但写到艺术的"艺"字时，有个孩子字写得实在不好，于老师认真地看了一下，说：嗯，不错，艺术的"艺"字这一折写得很好，把这个折的笔画圈起来吧。

你看，于老师真了不起，人家都是圈一个字，他圈一个折的笔画，孩子就在乎这个，说不定将来这个孩子会成为书法家。

我们常将爱挑刺的人形容为"鸡蛋里头挑骨头"，应该怎样形容于永正老师这样会夸奖人的老师呢？不妨叫"沙土也能挑出金"吧。

从 2005 年起，我在大学里开始教授演讲口才课程。我就记着于永正老师"准备 100 顶高帽，送给学生"的话，但又有个疑惑：如果我对差生个个表扬，好学生会不会不服气呢？

通过实践发现，善于表扬每一个学生，会取得非常好的教学效果。

王同学说："每次点评的时候，殷老师总会先将同学做得好的方面提出来，给予应有的肯定与赞扬。之后，才用提建议的方式把同学做得不好的地方提出来。这样不但不会对同学造成伤害，还能让同学更容易接受别人的建议，从而得到有效的改善。

长期坚持夸奖每一名学生、每一名学员，已经变成了我的习惯，这也成了使学生、学员爱上我的课的一个法宝。

我们从不同角度对好话做了分类之后，下一章就要重点说说为什么要讲好话了。

第四章 我们为什么要讲好话

　　没吃过梨子的人,不知道梨子的滋味;没有讲过好话的人,不知道好话的好处。

一、讲好话存在"两律"现象

在生活中,我发现讲好话存在两个规律:一个叫相同律,一个叫相反律。这两大规律也从另一个角度验证了好话人人爱听的规律。

1. 相同律:你夸人,人夸你

什么叫讲好话的相同律?就是你夸人,人夸你;你贬人,人贬你。

投我以桃,报之以李,你夸奖对方,对方也会下意识地夸奖你。

我们知道,物理学上有个牛顿第三定律:两个物体间的作用力和反作用力总在同一直线上,且大小相等、方向相反。运用到人际交往中就是:你"硬",别人也"不软";你"软",别人也"不硬"。你夸奖人,人就会夸奖你。

- "你敬我一尺,我敬你一尺"

相同律的第一种表现是你敬我一尺,我敬你一尺。不太熟悉的人之间,如果相互夸奖,就能马上拉近关系。

有一次,我在广州为全国海关文艺节目主持人做培训,得知同样担任培训任务的广州军区政治部战士文工团高侠老师是国家一级演员、梅花奖获得者。吃饭时,做完自我介绍,我很真诚地说:"高老师,认识您很荣幸!您这梅花奖太难拿了!"

高老师马上说:"你的金话筒奖还不是一样难拿!"

我夸奖高老师得了戏剧界的最高荣誉"梅花奖",高老师马上回夸我得了主持人的最高奖项"金话筒奖"。两个不同领域相同级别的荣誉,相互夸奖,皆大欢喜,一下子就拉近了双方之间的关系。

你让别人高兴了,别人也会让你高兴。这种对话不是事先想好的,完全是脱口而出,来而不往非礼也,这就是规律。

不太好接近的人,只要你肯先夸奖他,他就逃不脱相同律的影响,会让你们不太和谐的关系迅速变得和谐。

凤凰卫视主持人沈星曾经讲述了她和"最怕的人梁文道"进行有效沟通的故事。

梁文道说话犀利是出了名的。他曾带着遗憾的口气告诉我,像我这样长得美的女人是很悲哀的。他说,这样的女人会被贴上美丽标签,除了外表,人们不会注意别的。而等女人青春消逝时,大家也只会注意到她已不再美丽。

我琢磨了他好久,一次曲径通幽地跟他说,我觉得他有很多吸引女人的特质,例如温和、责任、友善、有趣,但我依然不喜欢他,因为跟他在一起时,我最喜欢的是他的知识。

文道哈哈大笑,礼尚往来地回了一句:"我开始觉得,你不仅只是美丽了。"

我的学生学会了相同律之后,也敢大胆地和新朋老友交往了。

情景一:唐同学和第一次见面的阿雪对话。

唐同学:嗨!阿雪,你的酒窝真可爱,笑起来好甜啊。

阿雪:呵呵,谢谢你。你看起来也很开朗、很亲切啊。

唐同学的感悟:可能这样的情景写出来像是互相吹捧,但正是因为这样的"吹捧",让我们第一次见面就拉近了距离,并且成了好朋友。

情景二：唐同学跟化了眼妆的朋友对话。

唐同学：早啊，咦？你的眼妆化得真好啊，很漂亮，显得整双眼睛都大了。

朋友：谢谢啊，其实是花了一点小心思，被你看出来了。不过，你的眼睛不化妆也那么漂亮。

唐同学的感悟：平时看到很多女生的眼妆都化得很浓，我的朋友的确化得很好看，所以禁不住就夸了，没想到她也夸我的眼睛好看，好开心。

● "你敬我一尺，我敬你一丈"

相同律的第二种表现形式，就是"你敬我一尺，我敬你一丈"。就是你夸奖了对方，对方会加倍给你回报。

这种加倍回报，可以分为两种：一是精神加物质的回报，二是精神加信息的回报。

先来看看精神加物质的回报的例子：

场景一

刘同学：您好，我要一个冰激凌，哈密瓜加提子的。

卖冰激凌的老伯：来，同学，这是你的冰激凌，请拿好！

刘同学：谢谢！老伯，你们家的冰激凌又便宜又美味，我很喜欢吃！

老伯：哈哈，我认识你，你是常客了。那当然，我的冰激凌物美价廉哦！不过最近天转凉了，可不要因为馋嘴吃太多冰激凌而感冒哦，身体可是你们年轻人奋斗的本钱啊！来，再多给你一个刚出炉的蛋卷。

刘同学：呵呵，谢谢老伯！我会注意身体健康的，您也是！

刘同学的感悟：我赞美冰激凌让作为生意人的老伯感到被肯定，老伯心情愉悦，便发自内心地回报我，不光用语言关心我，还免费送我一个蛋卷。

场景二

王同学：姐姐，你打扮得很前卫，很好看！不不，不只，你人长得真漂亮啊！

又漂亮又时尚！

店主：你也很漂亮啊！你慢慢看有什么喜欢的衣服啊，这些都是我自己淘到的宝贝。回头给你个会员价啊。

王同学的感悟：我夸奖对方一句，对方一高兴，不光回过头夸我一句，而且主动给我个会员价。精神物质双丰收，夸人的好处真多啊！

精神加信息的回报，就是对方不光会回夸你，还会告诉你一个你需要的信息。

场景一：看到舍友穿的衣服很好看。

唐同学：你今天穿的外套很好看啊！好衬你的气质！

舍友：啊？真的吗？谢谢你！我是在网上一家店买的，我把网址发给你吧，那家店的衣服都很不错呢。

唐同学：呵呵，好啊，谢谢。

感悟：我看见舍友的衣服很好看，就坦诚地夸了她，她很开心。我也因此多了一家有保障的网店。

场景二：在实验室门口碰到助教 A。

我：A，那么辛苦，这么晚了还来准备实验。

助教 A：是啊，明天你们的实验比较复杂，给你份讲义，你先拿去预习下吧。

我的感悟：与助教的沟通让我更早地得到了对学业有帮助的信息，让我对明天的实验更加了解。

讲好话为什么会产生相同律呢？常言说，人心换人心。你对别人存好心，才能换来别人对你的好心。你对别人居心不良，别人自然对你也一报还一报。

人心怎么换？其实还是要先付出，自己主动对别人讲好话，而不是等着别人主动。说到底，还是要先舍后得。

2. 相反律：你夸人，人自批

相反律就是你夸奖对方，对方会自我批评。比如：

领导夸奖小王："小王，最近进步很快啊，大家反映很好！"

小王说："哪里哪里，我还有很多不足，领导以后要多多提点我。"

请问各位读者，当领导夸奖你时，你会不会这样说：是的，领导，我最近确实进步很大！

恐怕没有人会这样说，真要这样说了，领导一定会觉得这个人怎么这么不谦虚？你夸我，我自贬，这就是规律。当领导的要想让下属自我反思不足，就不妨用用相反律。

• 巧用相反律，夫妻更恩爱

著名声乐教育家金铁霖深爱着自己的夫人马秋华。戴玉强、张迈、白雪等很多声乐界知名人士都是马老师的学生。金铁霖经常称马秋华为老师，充分显示出这位声乐界泰斗对自己夫人的疼爱。

金铁霖介绍说，马秋华老师可以教授美声、民族和通俗三种唱法，而且教得很好，有几位条件本来不是太好的歌手，经过马秋华的指导，竟然获得了一等奖。

这时，马秋华再一次表现了自己的谦逊和幽默，她笑着说："不行不行，整天跟大师在一起，就觉得差很多。"

论名气、水平，金铁霖比太太高得多，假如他这样对太太说："你的水平和我比差远了。"他太太会有什么反应？如果是我，我肯定会说：臭美什么啊你！不是我给你当好贤内助，你能有这些成就吗？真要这么说，就成了贬人"相反律"，夫妻翻脸在所难免。

当金铁霖教授诚恳地夸奖太太，并举出例子来，太太马上就开始自我贬低了，说不行不行，整天跟大师在一起，就觉得差很多。

这夸奖人的相反律一用，夫妻间自然就会相敬如宾，和睦恩爱。

一天我感冒了，嗓子疼，临睡前，我让太太带了水壶到卧室。一晚上，太太起来四五次，给我倒水喝。到了早上，我的嗓子不疼了，我就感谢太太："谢谢！多亏你给我拿的水壶，喝了一夜水，嗓子不痛了。"

太太："哪里哪里，还是你的主意好，我只不过动动手。"

拿水壶的主意是我出的，可是我把嗓子不疼的功劳归于太太，太太马上又把功劳推给我，而降低自己的作用。这一推一让，夫妻之间就加深了感情。再看看以下同学的作业：

杨同学：我没有带本子，需要一张纸来记笔记，于是向旁边的同学借一张纸。他二话不说就给了我一张，我就跟他说："谢谢，你真是喜欢乐于助人的好同学。"

他说："其实没什么，这都是小事情。"

为什么会产生神奇的相反律呢？因为你夸奖对方，让对方有尊严，对方就不用再给自己找面子，于是通过贬低自己的方式来抬高你，回报你。

无论相同律还是相反律，都是夸奖人的规律，只要能自觉地运用好这两律，就一定会给人际关系带来很大帮助。

说完了讲好话的规律，咱们再从不同的角度谈谈讲好话的好处。

二、讲好话对听者有六大好处

讲好话，首先会让听话的人受益。我总结，讲好话对听话人有"五增一改"的效果：增能量、增喜悦、增优点、增自信、增健康、改缺点。

1. 让听者能量大增

我过去一直以为，讲好话增能量只是个比喻而已，后来反复琢磨发现，这个"能量"不是虚的，而是实的。实在哪儿？就实在"气血"二字上。

不吃饭就没力气，吃了饭才有力气。这个力气就是气血。气血是靠食物转化而来的，而夸奖也能达到同样的效果。

正如一位网友所说：原来从小到大我们每天活在能量里，别人的一句话、自己的一个眼神，都有可能随时降低和提升自己的能量。

一被夸奖和鼓励，人马上会心花怒放，自信倍增，热血沸腾，浑身是劲，充满正能量；一挨批评，人马上会垂头丧气，像泄了气的皮球、霜打的茄子，气血不足，浑身充满负能量。

夸奖可以给人带来勇往直前、视死如归的惊人能量。

● 好话成为读者进步的动力

休闲人：

你好！看了来信，很为你高兴！原因有三：

一是为你的勤奋高兴。为人妻，为人母，在工作和家庭的事情都很繁忙的情况下，能如此刻苦勤奋地练习，这是我碰到的第一位如此勤奋的读者，真心佩服你，值得每一位读者向你学习！

二是为你的创新思维高兴。我给学生上课时常讲：创新不难，就是"交叉"两个字。手机和相机结合，和录音机结合，和电脑结合，和互联网结合，就不断推出新的手机形态；我的耳语练声法，把生活中说悄悄话的形式和讲话训练有机结合，就是创新；双人舞就是将面部表情和手势训练有机结合，形成了练习感情的创新手段。你将我的理论和孙老师教的背古文有机结合，就形成了自己练习讲话的独特方法。自己给它取个名字，就是创新的学习方法。生活中处处坚持这种交叉、融会，就会不断有小创新，积少成多，就会有大创新。

三是为你的全面丰收高兴。通过一箭多雕式练习，你在胆声情识和古文、英语上全面进步。

回答你的问题：先致谢还是先点头，这个问题我平时还真没有留意过。根据经验，应该是朗读完之后在诗文结尾的意境中停三秒，再面对观众鞠躬致谢，站直后再从容下台。

你可以按此方法试一下。

殷亚敏

读者"休闲人"在后来的通信中专门谈了"表扬"的力量：

从第一次老师给我的回复和老师在博客中给读者的回信中，我感悟到表扬是一种力量，能鼓舞人的士气，给人强大的力量。当一个人的行为受到表扬时，他就会受到鼓舞，然后发挥自己更大的积极性，继续更努力地前进。

先说第一封信。说实话，我第一次给老师留言，是抱着和另一个叫梦翼的读者一样的心情。但当收到老师的信时，我激动地跳了起来，内心感到无比的温暖、欣慰，因为我第一次感觉自己被重视了，我的自信心倍增，更加坚定了自己的选择，对老师更加信任了。

再说第二封信。在第二封信中，老师夸我勤奋，其实我做的只是每一个妻子、母亲都能做到的。的确，我和我老公在两个城市工作，孩子是我一个人带的，而我所在的业务科室可以说是我们单位最忙的科室，但孩子必须得接送（我们这是小地方，都是这样），所以别人是一家子人管孩子，而我从来都只是一个人，但我好像已经习惯了单位家里两头忙，也从来没想过我做的事情有什么值得称赞的。

经老师这么一夸奖，我还真细细想了想，我这几年的工作表现，可以说没出过差错，只要是我负责的工作都在各市和市直各部门名列前茅。这可能与我小时候家里穷，工作生活磨炼多有关吧！就是老师说的那句话，贫困、艰难更能磨炼意志。所以我从老师的表扬中找回了自己，开始重视自己的价值。

最后说第三封信。信发出之后，我关注老师博客的频率更高了，我随时打开看，迫不及待等老师对我一字悟的点评。说真的，我的文字功底一直不是很好，有些话表达不出来，有时候看老师的博客，有的读者写出来的感悟，其实我也感悟到了，但我表达不出来。上一周我从周五晚上开始，拿着自己平时的感受记录，还有在网上找的相关东西，写出来，否定，再写，再否定，反反复复一直写到周六下午5点10分，正好到了去接孩子（给孩子报的画画班）的时间终于搞定了。但心里没底，所以急切地想听到老师的点评，深信不管我写得怎样，老师一定会给我点评的。周一、周二两天，还没见到老师的回信。周三早上我去开会，下午回单位的第一件事就是看老师的博客，终于看到了，是前一天晚上回的，没想到老师说"你的三悟非常好！口诀化表达运用娴熟"。我知道我的努力见效了，当然我知道比起读者恩宽的一字悟，我还差远了，但是和以前的我相比较而言，这也是很大的进步。我会按老师的方法，一直悟下去，坚持下去。谢谢老师对我的建议，我会注意的。

俗话说"良言一句三冬暖，恶语伤人六月寒"。表扬是一种看不见的爱，是一个人前行的动力。让我们学老师说话，更学老师做人，对亲人、对朋友、对孩子、对陌生人多一点赏识、多一点赞扬、多一点鼓励吧！

这就是"表扬"的力量。

• 好话增加肌肉能量

如果说，我通过博客赞扬读者"休闲人"，给她增加的是精神能量的话，那么给下面这位同学增加的就真的是肌肉能量了。

吴同学：看你手臂上大块的肌肉！这个重量的哑铃你一定能举15次！
健身房朋友：好！本来没劲的，被你这么一说，不举不行啊！

一句夸奖"看你手臂上大块的肌肉",加一句鼓励"这个重量的哑铃你一定能举15次",朋友顿时变得有劲,做了15次哑铃练习。这就是活生生的夸奖变能量的例子。

2. 让听者开心满怀

让听者开心满怀,就是增加对方的开心指数,给对方带来好心情。

开心是一天,不开心也是一天。怎样才能开心呢?我的朋友讲了一个夸太太的故事。

• 夫妻互赞,烦心变开心

一天早上醒来后,我和太太聊天。

我说:"我越想越怕,你昨天晚上爬梯子上去拿东西,搞不好就会扭着腰,上了年纪,以后千万不能这么干了,听见没有?"

我说了两次,太太说:"知道了,知道了。别说了,你怎么这么烦啊?"

这话一下子让早上的气氛有了火药味。如此下去,两个人一天都会不开心。

太太觉得不对,马上又说:"看来我今后也不能唠叨儿子,让儿子烦。"

为了调节气氛,我顺势就夸奖她:"我发现你的悟性很强,由别人的唠叨马上能反思自己的唠叨。你在读初中的时候学唱样板戏,只学了十天就上台演出,一炮打响。同学们佩服羡慕嫉妒得不得了!"

这一赞,太太马上高兴了,就回忆起了自己学唱样板戏和上学的经历:每天拿个干馍边啃边走,步行40分钟,到姐姐的学校去听唱片;然后又讲在样板戏学习班怎样刻苦学戏,只经过十天的培训,就成功演绎了一个老太太——李奶奶,当时她只有十几岁;接着又说起第一年恢复高考,以初中文化水平复习两个月报考师范学校一考就中;到了师范学校,又怎样以中专生的身份留校当老师。一句关于"有悟性"的夸奖,让太太一下打开话匣子,一口气讲了30分钟,从而使两个人开始了愉快的一天。

我太太一讲完,我马上点评:"厉害!"一句夸奖,30分钟的聆听,使烦心变成开心!

有一次,我到一个单位讲课,太太在下面听。讲完后我有点累,一路无话。回到家,太太一看我不说话,灵机一动,开始夸奖我:"老公是能人啊,讲得真好。炉火纯青,百听不厌。"我知道她是在有意夸我,但还是情不自禁地笑了,心情大好,疲劳一扫而光。吃完饭,我主动帮助太太干家务,说:"今晚刷碗的活我包了!"

- **孩子讲好话,父母开心一整天**

来看张同学对父母讲好话的例子:

百善孝为先。这第一孝,叫口孝。每年我父母过生日,我都会打电话回去问候,感谢爸妈对我的养育之恩。虽然这对于我来说不是一件大事,但每次通完电话,我爸妈都会高兴一整天。

一番好话,可以让父母高兴一天,这样的话我们要不要多说呢?

3. 让听者发现自己的优点

一个人的优点是怎样培养的呢?我讲几个故事,大家就知道了。

- **好话,让女儿一生爱英语**

《家庭》杂志上介绍过留学咨询专家高燕定让女儿高倩爱上英语的

故事。

这个故事说，高倩在读一年级下学期时，一天晚饭后，她正在读英语故事书，高燕定指着一篇文章对她说，能把这故事讲给爸爸听吗？高倩讲了一遍。高燕定惊讶得瞪大了眼睛，说："女儿，你太了不起了！你的英语比爸爸好！"

孩子喜欢做大人称赞的事。高倩在作文中写道："每次读完一本书，我就在家里苦苦等待爸爸回来，讲故事给他听。"给爸爸讲故事让高倩迷上了读书，阅读速度越来越快，几乎一天一本。

• 好话，让儿子一生爱读书

爱读书，可以说是我的一大优点，而这个优点正是被母亲夸出来的。

我小时候，母亲逢人就说："我们家小敏就爱看书，扫地时看见一片有字的纸，都要捡起来看半天。"

母亲的夸奖，让我养成了喜爱读书的习惯。上洗手间，要带本书；等人，要带本书；出差坐汽车、坐飞机，都要看书。这一习惯又影响了太太和儿子，一家人都养成了爱看书的习惯。

• 好话，让孩子孝顺成习惯

我从母亲那里学会了夸儿子。

清明节，儿子给奶奶扫墓，跪在奶奶墓前，恭恭敬敬地磕头，我夸儿子有孝心；儿子上大学到外地读书，教师节时给妈妈邮寄鲜花，我给儿子打电话，说："妈妈感动得流泪，说儿子真懂事。"儿子发了奖金，悉数交给我们，我们逢人就夸儿子。

经过这样长期的夸奖，儿子的孝顺成了习惯。一起住的时候，每天早晚都到我们面前问安。现在成家了，跟我们没有住在同一个城市，儿子和儿媳隔三岔五都会让快递员送来吃的和用的东西。我们夫妻俩感觉跟儿子和儿媳非常有缘，下辈子还要做一家人。

优点是被人夸出来的这一观点，是否具有普遍性呢？2011年，我在我的班级专门做了一次调查，下面来看看我当时的调查笔记。

2011年10月21日，我对UIC（北京师范大学—香港浸会大学联合国际学院）演讲二班46名同学做了一次问卷调查。

问卷题目：

1. 你最大的优点是什么？
2. 这个优点是夸出来的还是批出来的？还是其他原因造成的？
3. 是谁夸的？谁批的？
4. 常夸或常批的一句话是什么？

调查结果：

1. 认为优点是夸出来的有42人，占91.4%。认为自己的优点是被批评出来的有4人，占8.6%。
2. 优点的主要塑造人：第一是家长，第二是朋友，第三是老师。

对具体数字的分析结论：

1. 被家长（父母、爷爷奶奶）夸出优点的人数：19人，占41%。

这个数字说明：好孩子是父母夸出来的，家长是孩子优点的主要培养者。

2. 被朋友夸出优点的人数：17人，占37%。

这个数字说明：朋友夸出优点的比例占第二位，近朱者赤近墨者黑，接触好朋友，是培养孩子优点的主要来源之一。

3. 被老师夸出优点的人数：7人，占15%。

这个数字说明：教师在培养孩子优点过程中的作用排第三位，教师夸孩子力度不够。

问卷调查结论：优点是被人夸出来的

请看几份学生的问卷回答：

金同学：我最大的优点是大度。这个是父母夸出来的。二老总是说：我们家老二是最大度的，总让着姐姐。

（备注：所以现在我姐姐脾气依然火暴，而我对人对事总想着去谅解。）

马同学：我最大的优点是勤快。这个优点是我母亲夸出来的。我妈总说我做家务又快又干净，做得比她好！

杨同学：我最大的优点是大方。是妈妈夸出来的。妈妈常说我平时对谁都挺好的，不吃独食，有什么好吃的都记得留给身边的人。

柴同学：我最大的优点是爱笑。这个优点是同专业的一位同学夸出来的。她常说：你总是积极乐观地笑对困难，让人觉得你全身充满了正能量，也能给周围的人带来无限的正能量。

沈同学：我最大的优点是爱干净。这个优点是同学夸出来的。我同学常夸我的一句话是：你怎么把东西收拾得这么干净啊？

刘同学：我最大的优点是守时。这个优点是初中班主任夸出来的，班主任常说刘芸是最守时的同学。

黄同学：我最大的优点是爱写作。这个优点是小学语文老师夸出来的。老师常夸我有写作天赋，然后我就爱上了写作。

4. 让听者自信大增

• 自信需要"他信"

自信是怎么建立的？自信需要"他信"，需要他人给你信心，而"他信"的重要手段就是夸奖，通过别人的夸奖建立自信。

我之所以要研究好脸好话，是因为我在教学中发现，夸奖是让每一名学生自信最重要的方法。

老师的好话，对于不自信的学生来说是厚礼。肖同学记录了她获得自信的经历。

这周收获很多，最重要的是收获了自信。

上周还不敢对着镜子直视自己眼睛练习"人一之"的我，现在已经可以对着镜子大胆地手舞足蹈了，这还得感谢殷老师的鼓励。

上周小组练习说"各位老师，各位同学，大家好！"的时候，对着自己熟悉的组员，整个人感觉特别放松，大家一起认真做事的感觉非常好，我自己也是相当投入。恰好殷老师看到我的练习，他说了一句："不错，眼神很到位。"之后我也注意到殷老师对其他学生说出了类似肯定的话。虽然听起来只是一句很平常的评价，但是对于很多像我一样不太自信的同学来说，是一份厚礼。以前总觉得别人做得都比我好，但因为老师的一句话，当时我瞬间感觉重获了一份属于自己的骄傲。

现在对镜练习"人一之"对我来说，已经不是难事了，因为我已经有了必胜的信念去面对自己和迎接挑战。

基督教说："信者得救。"人做任何事，只要有信念就一定能创造奇迹。

朋友的好话，使人获得勇气和动力。再来看叶同学讲好话给人自信的两个例子。

室友新买了件衣服，我对她说："这件衣服很好看，很适合你。"她笑着说："你穿衣服的品位高是公认的，你都觉得合适，那我真的买对了！"

室友在宿舍练习小提琴时，我说："你这次拉的比上次好听多了，你进步真快！"

室友很开心地说："这几天，我一直觉得自己拉得不好听，都不想学了，听你这么说，我好像又有信心了！"

叶同学的感悟：一句赞美可以带给别人信心、勇气和坚持的动力。

美国著名心理学家威廉·詹姆斯说："人类本质中最殷切的需求，就是渴望被肯定。"

为什么人人都渴望肯定呢？因为不自信。为什么不自信？因为人的眼睛是往外看的，看得见别人，看不见自己，需要用别人的眼睛来肯定自己。但光用眼睛去肯定别人是不够的，还要加上语言的肯定。

5. 让听者增进健康

乍一看这句话，你可能以为自己看错了：讲好话还能让人增进健康？太神奇了吧？

到底神不神奇，我们来看看著名电影演员秦怡的两段亲身经历就知道了。

● 好话让艺术家秦怡两次战胜病魔

秦怡很庆幸能与邓颖超大姐相识。

1942年夏秋之际，秦怡在重庆歌乐山医院住院，准备动切除甲状腺瘤的手术，邓大姐忽然来探望她。

在这之前，秦怡从没有机会与大姐这样近距离接触交谈过，邓大姐的到来让她喜出望外。邓大姐一来，就笑容可掬地跟她拉家常。

秦怡非常喜欢听邓大姐跟她说话。邓大姐告诉她："恩来就住在这个医院前面的病房，听说你也住院了，他让我先过来看看你，希望你勇敢地与疾病做斗争。如果要动手术，你不要怕。有什么需要，可以告诉我们。不要急着出院演戏，先以治病为重，少演一部戏，将来可以多演几十部戏……"

邓大姐的话总给人一种坚定有力的感觉，听了她的话似乎就可以做出一切决定。秦怡不再犹豫，马上就听了医生的话。可能由于她精神变好，病情好转，后来没做手术就出院了。

邓大姐的第一次鼓励，治好了秦怡的良性肿瘤；第二次鼓励，治好了秦怡的恶性肿瘤。

1966年春节，秦怡从四清工作队回沪过年，顺便去医院检查已有半年多的肠子出血的病，没想到检查后，医生让她住院做手术。

秦怡从不认为自己会得严重的疾病，事实上，这次她确实患了肠癌。大年初二，秦怡一个人悄悄地住进了医院，几乎没人知道她病了，家中也因她爱人（1983年去世）久病缠身，几乎没人能来看望她。

秦怡平静地等待手术，一切听天由命。在她手术后继续治疗的一段时间内，一位同志带来了邓颖超大姐给她的一封信。这封信无异于一针强心剂，大姐热情的关怀温暖了她的心。

信中，邓大姐先以王观澜同志对待疾病的态度安慰秦怡：既来之，则安之。接着，她把自己长期与疾病做斗争的经验告诉秦怡，鼓励她要跟疾病做斗争。信的结尾写道：一个共产党员，应面对现实，无所畏惧，从战略上藐视，战术上重视。相信你一定能战胜病魔，勇往直前，去迎接生活……

秦怡没有辜负邓大姐的希望，从1966年患肠癌至今，她已经度过了49个春秋。邓大姐的这封信和"面对现实，无所畏惧"八个字，给了秦怡无穷的力量。她把"面对现实，无所畏惧"这句话当作自己毕生的座右铭。它不仅鼓励她战胜了疾病，而且让她度过了"文化大革命"那段苦难的岁月，战胜了种种不幸，直到今天仍奋斗在工作岗位上。

在这里要补充一句：秦怡老师今年已经93岁了。

- **坏心情可以变成致命病毒**

国外有科学家做了一个实验，把人在开心、喜悦、高兴时呼出的气冷却成液体适量注入小白鼠体内，可以让它寿命延长；而把人在生气、发怒、暴躁时呼出的气冷却成的液体适量注入小白鼠体内，十几分钟后小白鼠被毒死。

科学家称，人呼出的气体内含有愉快素。好心情可以变成治病的良药，坏心情可以变成致病的病毒，所以通过讲好话改变心情来治病就不算稀奇了。

想让你的父母健康，就多讲好话；想让你的太太健康，就多讲好话。

6. 让听者改掉缺点

我们常常有一种错觉，以为人的缺点只能靠严厉的批评才能改正，实际上，夸奖才是改正缺点最有效的方法。

• 好话让学生主动认错

意大利著名文学家亚米契斯年轻时在一所学校任教。有一次，他提前五分钟去班里上课，正好撞上两名学生正在搞恶作剧，准备把扫帚平放在半开的教室门上，再将半盆水放在扫帚上，上面再放上垃圾铲，等亚米契斯一推门，水就会泼在他身上。

两名学生没想到，亚米契斯提前进了教室。他俩一下子蒙了，手足无措。亚米契斯顿时明白了一切，但没有当众训斥他们，而是装作不知情，微笑着说："我的可爱的同学们，你们的教室太脏了，本来应该在放学后由值日生打扫。现在这两位同学做好事，打来了水，找来了扫帚、垃圾铲，那我们就破例耽误几分钟，希望大家协助他们用最快的速度打扫完卫生再上课。"

这次清扫工作结束后，亚米契斯再次表扬了这两名学生。一场恶作剧就此被制止了。课后，这两名学生主动向亚米契斯承认了错误，并保证今后不再搞恶作剧，一定会尊敬老师，努力学习。

好话不仅可以让人改掉缺点，还可以让人洗心革面，重新做人。

• 好话让小偷迷途知返成老板

中国台湾著名作家林清玄年轻时当记者,曾经报道过一名犯案上千起、作案手法非常高明的小偷。他在文章最后慨叹,心机如此细密、手法如此灵巧、手段这样独特的小偷,如果把心思用在正途上,做任何一行都会有所成就。

林清玄绝不会想到,他的这几句话竟让这个小偷迷途知返,把才智用在了正道上,现在那个小偷已经是台湾多家羊肉连锁店的老板了。

• 好话让粗人变文明

一位网友××说自己有个网友,非常喜欢骂人,别人骂他一句,他就骂十句,大家都很讨厌他。

有一次他问××:"你是不是特看不起我?"××说:"没有啊,你挺好的,人聪明,心肠也不错,就是有个小缺点,喜欢说脏话,要是你不爆粗口就完美了。"他问:"是不是真的?"××说:"是,别人都这么说。"

有一段时间××没上网,后来在网上看见那位网友。网友对他说:"自从那天我被你夸过后到现在谁都没骂过,真的。"××对他发了个笑脸的表情说:"你能再坚持一年吗?"那位网友说能,并保证自己再也不骂人了。

这个故事又让我想起了相反律。人就是这样,你越骂他,他越逆反,破罐子破摔;你一表扬他,他反而自己将缺点改掉了。想让自己的下属、孩子改掉缺点的朋友,也一定能从这个故事中受到启发。

三、讲好话，最大的受益者是自己

一位管理学家说："赞赏别人所付出的，要远远小于被赞赏者所得到的。"这是在人际交往中的一个黄金不等式。也就是说，夸奖别人，最大的受益者是自己。的确如此，细分起来，讲好话对自己有"五好"。

1. 营造谈话的良好氛围

通过夸奖对方，可以迅速营造出融洽的谈话氛围。

与人交往时，最怕的就是冷场，而讲好话就不会冷场。

宋代欧阳修有诗云："酒逢知己千杯少，话不投机半句多。"这"话不投机半句多"就是对冷场做的最好说明。为什么两人见面，半句话都嫌多？就是没讲好话，让对方不爱听。

"酒逢知己千杯少"的"知己"是什么意思？就是能说出你长处的人。你看，"知"字，右边的"口"，说明得用嘴说；左边的"矢"，是指箭，说明张口说话要正中对方的下怀，才能被对方引为知己。好话一说，夸了对方，他就会觉得你了解他、认同他，自然把你引为知己，千杯也嫌少了。

具体说来，讲好话可以"三不冷"。

● 让两个人交往不冷场

学生们常向我反映，说他们"未出茅庐"，最头疼的事就是见了生人不知道该怎样搭话。我告诉他们两个字：夸人。

接着，我就给学生们讲了个自己的故事。

有一次坐飞机去北京，邻座是一位穿着崭新深蓝西装的中年人。飞了一个多小时，我和他也没说半句话。我想，我得练练怎样和陌生人搭话，从哪儿开口呢？我一想，就从他的西装夸起吧。我说："你好，我从来没见过穿西装这么合身的人。"

他一听，马上转过头来，笑着说："谢谢！"又对我说，他是在广州刚参加完省里的企业家表彰大会，做了发言，所以才穿得这么隆重。会一结束，马上就赶飞机到北京出差。

这一句夸奖一下子让我们亲近起来，开始大聊特聊。后来我们交换了名片，说以后保持联系。

一语惊醒梦中人，一位姓刘的学生（以下简称刘同学）学会了夸人法之后，开始运用自如。

刚刚进大学时，刘同学和一名新室友互不相识，过了一段时间还是很少有什么交流。这名室友平时喜欢画画，刘同学很少去关注她，一次经过她旁边时，看到她在画画。

刘同学说："你画得真好看！这要学多久啊？"

室友脸上马上露出微笑，说："还好吧，我没有学过，就是喜欢自己随便画画。"

于是，二人打开了话匣子，聊起天来。

好话是破冰之语。两人关系冷漠，如同一块冰，怎样破这块冰呢？就要讲好话。

• 让三五人谈话不冷场

在演讲课上，为了方便学生练习，我对他们进行了分组。分组有要求：一是男女生搭配，二是不同专业的搭配，三是不同籍贯地的搭配，四是不同年级的搭配。目的是培养学生与陌生人的交往能力。

怎样让学生快速地互相认识呢？还是夸奖。我设置了一个小组互夸的作业，李同学完成得很好。

李同学说记得那次我让他们在课上互夸组内的成员，让每一个成员都慷慨地把别人的优点写下来，然后念给组员听。

组员有夸她善良单纯的,有夸她总是微笑着对每个人的,还有夸她很适合当好朋友的。这些夸奖都让她乐在心里,也让她知道了自己的优点和别人眼里的自己。

这节课结束后,大家脸上都洋溢着幸福的微笑,从此他们的小组变得更加和谐,组员经常在群里互相调侃,聊得不亦乐乎,有时还组织聚餐之类的活动,其乐融融。

再来看张同学教同学改变寝室氛围的例子。

张同学遇到一位朋友向她抱怨:她们宿舍四个人关系紧张,似乎相互都有戒心,宿舍气氛极为沉闷。她希望改变这种状况,但又不知如何下手。

张同学给她支了一着儿:从现在开始,试着去发掘别人的优点,真心赞赏别人的长处,比如"你今天很好看""这条裙子很适合你"等。

不久,那位女生跑来告诉张同学,宿舍的气氛完全变了样,大家在一起时有说有笑,下课后都愿意回宿舍,宿舍好像有一种无形的吸引力。

● 让大场合讲话不冷场

做主持人的都知道,主持几百人、上千人的活动,最怕的就是冷场。我先后主持了上百场名人讲座,慢慢摸索到了避免冷场的撒手锏——讲好话。

我在主持复旦大学教授、《百家讲坛》主讲人钱文忠的讲座时,开场用的就是赞美法。

我问:"有一个问题请教大家,易中天老师的粉丝叫什么?"

听众答:"易粉。"

我继续问道:"于丹老师的粉丝叫什么?"

听众答:"鱼丸。"

我再问:"钱文忠老师的粉丝叫什么呢?"

女听众答:"潜艇,我就是!"

最后我总结道:"今天可以说是'潜艇'云集珠海,全部浮出水面,多谢各位'潜艇'!"

观众听了大笑。

我又说:"钱文忠教授有什么特点?我总结出了'四个一':一小一老、一左一右。

"先说'一小'。因为他是《百家讲坛》最年轻的主讲人,也是研究梵学的专家,今年41岁,刚过不惑之年。

"什么是'一老'呢?钱教授是中国'国宝'季羡林先生的关门弟子,辈分非常高,资格非常老,被学术界称为可以承接钱锺书的青年学者。

"我们再说'一左一右',钱文忠教授是左手投资赚钱,右手著书教学。有网友说,钱文忠老师的名字取得就有玄机啊!一是忠于文,二是忠于钱,所以叫钱文忠,的确是高人!有机会我们将请钱教授再来给我们讲授投资赚钱的心得。

"有请复旦大学教授、《百家讲坛》主讲人钱文忠教授为我们珠海文化大讲堂做开坛讲演《玄奘西游》。"

这一番独特的夸奖,钱文忠教授听了非常高兴,台下的"潜艇"听了也高兴,会场上的气氛马上活跃起来。钱教授上台后,先对主持人感谢,然后才面带微笑地开始了讲座。

我主持梁文道先生的讲座,用的是自贬式幽默夸奖。

先做个调查:看过梁文道主持节目的请举手。(基本上全场举手)读过梁文道书的请举手。(一半人举手)梁文道的名字真是妇孺皆知啊!

提起梁文道先生,我这样"年老色衰"的主持人真是羡慕嫉妒恨啊。(观众笑)

为什么呢?

第一,他没有学过播音主持却把电视节目做得风生水起。在《锵锵三人行》

中与窦文涛、许子东成为言论铁三角，红遍全中国；做《开卷八分钟》，让有文化的观众"爱不释眼"。

第二，多才多艺，堪称跨界冠军。

梁文道17岁开始在报纸写艺术评论，1998年起，又开始参与香港各类文化艺术活动，如实验剧场的编、导、演、行为艺术创作及视艺展览策划等；做过香港大学的客座讲师、牛棚书院院长、绿色和平董事、香港艺术发展局艺术顾问。尤其是在华人传媒界更是全面出击，广播、电视、报纸、杂志无所不能，写的书又本本畅销。他的《常识》一书，一上市就销售了十多万册。

仔细一想，"恨意"全消。因为梁文道成绩斐然，是他比我们有"天赋"。12月26日圣诞节出生，他是上帝送给人间的礼物啊。（观众笑）

这是个玩笑，实际上他比我们刻苦，天天只睡五六个小时，剩下的时间全是在苦读苦说苦写。天道酬勤啊！

那么今天这位"上帝送给人间的礼物"，又会给我们珠海的听众带来什么样的礼物呢？有请梁文道先生开讲《在自我太多的年代做无我的媒体》！

"让我羡慕嫉妒恨"这种正话反说式的夸奖，让梁文道和观众全乐了。这一乐，全场的气氛就活跃了。

2. 让讲好话的人有好的人缘

● 赞美就是社交

台湾著名主持人蔡康永说：别人骂你一句，你回骂他一句，这就叫吵架。别人赞美你一句，你回一句赞美，这就叫社交。

"赞美就是社交"，蔡康永这话说得太有水平了，一句话就说到了点子上，又那么深入浅出，人人都能明白。

为什么说赞美就是社交？因为一讲好话，对方喜欢，自然就愿意跟你交往了。

新浪教育里有篇大学生怎样有好人缘的文章，讲了一个赞美带来好人缘的故事。

故事主人公罗斌是一个很受欢迎的人，经常接到邀请，在各种社交场合总能和大家打成一片，他的朋友林逸一直很佩服他。一天晚上，林逸到一个朋友家参加一场小型社交活动，发现罗斌和一个漂亮女孩坐在一个角落里谈得很愉快。林逸发现那个女孩一直在说话，而罗斌好像一句话也没说，只是有时笑一笑、点一点头，仅此而已。

第二天，林逸对罗斌说："昨天晚上那个女孩完全被你吸引住了，你是怎么抓住她的注意力的？"罗斌说自己最初只是说她的肤色晒得很漂亮，问是不是去哪儿度假了。她告诉他，自己最近去了巴厘岛，那里的阳光、海滩很好，之后罗斌问她可不可以讲一讲她的旅行，她很高兴地答应了。于是接下来的两个小时，他们一直在谈巴厘岛。

罗斌为什么能让朋友羡慕不已？因为他是个夸奖的高手。第一，他观察力强，一眼就看出来对方的肤色是度假晒出来的。第二，他的夸奖一箭双雕。说她的肤色晒得很漂亮，问她是不是去哪儿度假了，这里面包含了两层夸奖：一是夸奖她肤色好，二是夸奖她有钱。没钱的人怎么可能到巴厘岛旅游呢？听了这样的夸奖，任何人都会谈兴大发。

讲好话让人获得好的人缘，情况可分为以下三种。

● **生人变熟人**

有位大学老师学了阳光心态课程，见了不喜欢的人开始说："早上好！"对方不理。

第二天见面，又说："早上好！"对方还是不理。

第三天见面，准备不说了。没想到对方主动说："早上好！你气量比我大，我要向你学习。"

从此，二人成了好朋友。

我去各地做培训，面对的都是陌生人，无一例外，对于怎样快速打破与学员之间的陌生感，我的习惯性做法就是夸奖。通过夸奖，能马上拉近自己跟学员之间的距离。

在广州播音主持专业高考班上课，我这样开场：

各位同学、各位同行：大家好！

为什么叫你们同行呢？因为播音主持的明天是属于你们的。明天的名主持会从你们中产生。

在南方电网上课，我这样开场：

南方电网公司的主题形象语叫"万家灯火，南网情深"。我和南方电网的感情很深。1987年到广东，一直在你们电力的照耀下生活，我的每一个获奖新闻作品，都是在你们明亮的灯光下完成的。

万事开头难，用夸奖开头，开头就不难。我通过夸奖，迅速拉近了与学员之间的距离，整个课程中学员都十分配合，学习的积极性很高。

● **熟人更熟**

宋同学与室友微微对话：

宋同学："微微啊，初次见你，我就觉得你是一个温柔乖巧的女生，很有亲和力。"

微微："谢谢。初次见你时，我就觉得你是个很开朗、很好相处的室友，事实果然如此。哈哈。"

感悟：一句好话，让朝夕相处但并不交心的室友一下子拉近了感情，何乐而不为呢？

● **熟人更多**

华同学从图书馆出来，遇见小学妹坐在校园路边的凳子上，微笑着上去打招呼，夸她今天很白。

学妹笑得很灿烂，说："今天看起来皮肤特别好吗？"华同学说是。

她热情地把华同学介绍给她身边的朋友们，她的朋友们也对他微笑，由此可见第一印象非常重要。

感悟：交朋友就像滚雪球一样，如果微笑开口，大家都愿意跟你做朋友；整天黑着脸，没人愿意搭理你，没人愿意跟你交朋友。

3. 让讲好话的人好办事

讲好话会让哪些事好办呢？让挣钱的事好办、少花钱的事好办、棘手的事好办。

● **让挣钱的事好办**

叶舟在《一切从赞美开始》这本书里讲述了一个他自己上门卖书的故事，我看了之后拍案叫绝。

有一天，叶舟来到青岛一家卖汽车配件的商店推销图书，该店的老板要买几本书，他爱人走过来看了两眼。老板说太贵，他爱人更是不乐意，一直示意他别买。

叶舟发现问题很严重，立即换了个话题，说："阿姨，您这么有女人味，还会修轮胎，能文能武，真了不起。"然后转向老板，说："难怪您这儿生意这么好,人家都说一个成功男人的背后一定有一个伟大的女人,叔叔您真有福气。"

说完,再转向老板娘,说:"阿姨,您看您支持叔叔这么多年,一定不会计较再支持他读几本书的。更何况,看书还能待在家里,免得又出去打牌什么的。看得出来,这么多年你们夫妻的感情还如此深厚,一定是因为双方互尊互敬、互疼互爱,真的让很多人羡慕啊!"

老板娘还没说拒绝的话,叶舟又朝向老板说:"叔叔,可要好好对阿姨。您快去帮阿姨修那个轮胎,让阿姨帮您买。"

叶舟就这么三夸两夸,没想到老板真的走过去拿过他爱人手上的工具,同时示意她帮他选书。老板娘买了三本后,老板又转过身来买了三本给她,两人相视一笑,仿佛回到了初恋的时候。

在常人看来,这次生意绝对没戏,可叶舟怎么就做成了呢?大家一看就明白,是夸奖的功劳。叶舟对商店老板夫妻二人一次又一次地进行夸奖,就是靠"这么三夸两夸",让生意起死回生,卖出了六本书。

在给华南理工大学MBA学员上课时,做电梯生意的熊同学给我讲了个"夸木雕,买电梯"的故事。

她到一家公司去推销电梯,看到老板脸色不太好,就开始想应该怎么打开话题。她看了一下办公室,发现办公桌上摆放着一匹乌木雕刻的奔马,于是马上开口说:"王老板,您好有品位啊!这匹马材质好,造型好,跟您的企业形象很匹配!"

老板一听,脸上马上多云转晴:"我正为这匹马发愁呢,太太见了埋怨,几位高管也不看好,说我买得太贵了。听你这么一说,我就开心了,还是有识货的人啊!"

就这样,他们一直围绕着这匹奔马聊了很久,最后生意也做成了。

- **让少花钱的事好办**

　　王同学在学校附近的理发店刚理完发,理发师说:"好了,照照镜子看看怎样。"

　　王同学对着镜子仔细看了看,对自己的发型很满意,说:"嗯,很不错,师傅你真是好手艺,理得又快又好。"

　　理发师笑道:"哈哈,我就靠这个吃饭嘛,这是必须的。"

　　王同学对他的手艺表示高度肯定,说:"但是能理得出你这个水平的也不多啊。"

　　理发师开怀大笑:"哈哈,谢谢你了。对了,我跟你说,你的头发其实很好打理。你的头发比较硬,每天早上起来弄点啫喱,稍微抓一抓就可以定型了,很多人都想烫你这样的发型,很难如愿,但你运气好,天生就可以长成这样。"

　　王同学听了很高兴,说:"谢谢师傅,哈哈,那我先走了,下次还找你理。"

　　理发师也很高兴,许诺等他下次来,给他打个折。

　　王同学向师傅道谢后离开。

　　王同学夸了理发师,理发师给他的回报是:一夸他发质好,让他精神上获得满足;二给他打折,让他少花了钱,在物质上获得实惠。

- **别人办不了的事你能办**

　　我曾在《人民铁道报》上看到这样一个故事:

　　在去新疆喀什的列车上,一个维吾尔族小伙子横躺在硬座上,挡住了来往乘客的路,列车员劝他起来,他始终无动于衷。

　　火车上的安全员木合塔尔大叔,素来善于处理各种棘手问题。他看见维吾尔族小伙子横躺在硬座上休息挡住了过道,还不听人劝,就笑着说:"娃娃,咱们维吾尔族小伙儿长得漂亮,睡得也要漂亮啊!"

小伙子听了，马上笑着直起了身子。

本来躺在硬座上睡觉应该批评，但这样做并没有效果，大叔夸他长得漂亮，他心花怒放，就坐起来了。

这个故事给我两点启示：一、要想成为摆平棘手问题的高手，一定要会夸奖；二、人不分民族，地不分东西，好脸好话都管用。

4. 让讲好话的人获得融洽的感情

在中国人的观念里，往往觉得一家人不用客气，不需要夸奖，不需要讲好话。实际上，家人之间也需要夸奖，讲好话能让家人之间的感情更亲近、更深。

● 让夫妻之间感情更好

前面已经讲过，夫妻之间吵架，常常是因为双方不会讲好话；夫妻之间和睦，一定是因为双方都会讲好话，互相赏识，互相夸奖。

中国最著名的慈善家陈光标和夫人非常恩爱。他是怎么做到的呢？

十多年来，无论身在何处，陈光标始终坚持每天至少给妻子发三条短信。

他并不觉得这是麻烦，他说这就是他内心的真实想法，就该时时让妻子感受到。爱的表达恰恰是中国男人婚后最缺乏的。

陈光标结婚18年，很少跟太太吵架，偶遇太太发火，总是让她把话说完，就是太太说得不对也会听完放在心里，而不是粗暴地直接去批评指责，他认为应该寻找合适的机会巧妙地沟通交流。

倾听并不代表沉默。他从没有选择过沉默，而是善于用甜言蜜语，先把她哄开心，再给她讲道理。如果需要，陈光标说能为她付出一切，哪怕付出生命。

相比之下，哄哄她再容易不过。陈光标始终认为，夫妻间产生矛盾，责任永远主要在男方，因为你是男人，让你爱的女人幸福是你当仁不让的义务。

陈光标平时和太太交流得最多的是孩子的事，因为他工作太忙，孩子基本上是太太一个人在培养。因此，他常不忘对太太说："你为孩子付出那么多，把他们教育得那么好，我真心谢谢你！"

陈光标不光是做慈善的榜样，也是处理家庭关系的榜样，值得我们好好学习。

说实话，我没有陈光标做得这么好，我年轻时和太太经常发生摩擦，年龄大了以后才越来越和睦。为什么？因为我们俩都悟出了讲好话的重要性。

有一次，我太太当着我的面给她姐姐打电话说："亚敏过去出差从不打电话回家。现在变了，一到北京，马上打个电话回来报告：飞机落地，我已经到了，别挂念。我送他到机场，以往他总是头也不回就进候机厅了；现在不同了，会向我招招手，看着我开车离开后才进候机厅，我当时感动得眼泪都掉下来了。

这一夸，更强化了我给家人报平安的这个优点。现在只要太太送我到机场，我都会等她启动车后才进候机厅；到了外地，飞机一落地，我就马上给她打个电话报平安。

这样，夫妻之间互相尊敬、互相牵挂，关系就变得更亲近、更和谐了。

• 让母子之间感情更深

李同学说这个星期回家，他妈妈做了很多好吃的菜。他说："妈，你做的菜是我吃过的最好的菜，太好吃了。"

他妈妈听了很高兴，笑得合不拢嘴，一个劲儿往他碗里夹菜，说："好吃就多吃点。"

李同学说不知道为什么，当时眼泪就流下来了。他妈妈为他做过无数饭菜，他都没有夸过妈妈做的菜好吃，从来没有感谢她的辛勤付出。他点了点头，吃着妈妈做的菜,感觉很幸福。

为什么李同学会流泪?一是惭愧,为自己从小到大没有用语言对母亲感恩而惭愧;二是感动,为自己开口夸奖家人的效果而感动。

5. 让讲好话的人获得宝贵信息

讲好话,不但能给自己带来物质上的收获,还能带来知识、思想、经验方面的宝贵信息。

● 好话带来知识

高同学对刘笑寒说:"学长,一直以来,我都觉得你选择股票眼光独到。殷老师也经常在我们面前称赞你,说你是炒股能手,如果能得到你的指导,将是我莫大的荣幸!"

刘笑寒说:"哈哈,大家都那么熟了,不要这么说。大家互相学习嘛,你在音乐方面的才能也让我很羡慕啊,炒股纯属个人爱好,能帮到别人当然更好,有事可以随时找我商量。"

高同学的感悟:刘笑寒学长在证券方面的能力的确很强,他是我最好的朋友,我却很少这样主动地去称赞他,看来效果不错,以后有股票方面的问题能多向他请教了。

● 好话带来经验

"三人行,必有我师焉",生活中,"世事洞明皆学问,人情练达即文章",怎样向生活中的老师请教,老师才乐意教导你呢?夸奖就是最好的请教方式。

想向别人请教哪个方面就夸他哪个方面：想知道长高的秘诀，就夸对方的个子高，比如高同学想知道别人怎么长高，夸了对方之后，就取到了真经。

高同学对一个长得很高的朋友说："人群当中总是一眼就能看到你，这么标准的身材，穿什么都好看啊，太有模特范儿了，真让我羡慕。能教我些增高的秘诀吗？"

朋友说："没有，长太高也不好。增高的秘诀嘛，就是多运动，我每天都喝牛奶，然后早睡早起，不但能长高，而且身体也好。"

像这些助人增高的信息，"纸上得来终觉浅"，而听人现身说法讲出来，才是最生动、最宝贵的经验。

● 好话带来人生感悟

谢同学在宿舍楼下正准备扛一桶水回宿舍，正巧遇到一位大叔提着工具箱上来修东西，忽然想到我教的对人要说好言好语，于是说："大叔，您天天修这修那的，看起来比我们都辛苦啊，您不累吗？！"

大叔（傻笑）："你们年轻人啊，天天忙里忙外的，也不闲着。你看你一个女孩子还来扛水，来，我来帮你吧。"

谢同学说："谢谢。大叔，为什么我每次见你都笑得那么开心呢？我每天做作业都快累死了！"

大叔（又傻笑）："其实每天这么辛苦，无非就是为了孩子们呗。一想到他们，我浑身就充满了力量，自然就开心了！"

谢同学："噢，这样啊。回去我也要给我爸打电话。谢谢大叔，大叔再见！"

谢同学的感悟：其实每个人的生活都不容易，我们没有资格去抱怨，去选择放弃生活。因为我们身后至少还有父母。每个父母对孩子的爱都是一样的，所以，看到大叔对他孩子的爱，我就想起我已经好久没有主动给爸妈打电话了。如果不是赞扬大叔，如果没有意外听到大叔的话，也许，我在异地他乡早已忘记了父母的那份等待，也感受不到父母的那份爱了……

以上我们从听者、说话的人两方面论述了讲好话的好处。为什么好话有那么多好处呢？

一是因为讲好话体现了你对对方的尊重。直接开口求人，效果往往不好。为什么？因为你心中想的只有自己，我要怎样怎样。对方感受不到你对他的尊重。而先夸奖别人，首先考虑的是别人的感受，是对别人的尊重。这时候相同律就会发生作用，他就会心甘情愿地帮助你。

二是因为有舍才有得。舍得就是不舍不得，先舍后得。开口就求人办事，不是先舍，而是先得，自然会引起对方的反感和拒绝。

而先夸对方，再求人办事，则符合先舍后得的规律，你舍得讲好话，给对方带来精神上的愉悦，对方自然会回报你、帮助你。

三是因为讲好话能够达到"通情达理"的效果。通情达理的"情"是指感性，"理"是指理性，感性左右理性。讲好话能够让对方先从感情上接受你，然后再接受你的道理。

正如美国著名的图书推销专家比恩·崔西所说："人是感性左右理性的动物。若一个人的感性被真正调动了，那么，他想拒绝你，比接受你还要难。而要想迅速控制一个人的感性，最有效和快捷的方法就是恰如其分的赞美。"

四、不讲好话带来"五没"

说完讲好话的好处，再来说说不讲好话的坏处。不讲好话带来"五没"：没命、没钱、没官、没情、没友。

1. 不讲好话没命

俗话说："利刃割体痕易合，恶语伤人恨难消。"恶语不仅可以伤人，还可以杀人。

据《京华时报》报道，一名叫冯俊清的男子与女友吵架后打车出去散心，在打车过程中跟女司机讲述自己的遭遇，当听到开导自己的女司机说女友的"坏话"时，他将女司机杀害。冯俊清因涉嫌故意杀人罪在北京二中院出庭受审。

2004年2月10日，冯俊清的女友跟他吵架后，出走几天未归。冯俊清心情郁闷到极点，想打车到密云水库边散散心。当车开到密云时，女司机停下车来开导冯俊清，说可以帮他找小姐，还说他的女友说不定也找了别的男人。

听到女司机说女友的坏话，冯俊清怒火中烧，随即用随身携带的尖刀猛刺女司机的胸和腹部，并将其抛尸荒野。冯俊清称，他十八九岁就在外打工，没有受到父母多少照顾，而且父母的离异更让他缺少温暖。女友不仅是他的女友，也像他的母亲，所以一听到别人说她的坏话，他就火冒三丈。

蔡礼旭老师用《弟子规》对讲恶语的坏处做了深刻的分析，说："在中国大陆有起案件让所有人都在省思，就是马加爵事件。马加爵是一名大学生，成绩还可以。但因为跟同学发生冲突，杀了四个人，被全国通缉。这件事震撼了整个教育界，引发了他们对青少年道德教育的重新思考。

"为什么马加爵会萌生杀机？因为他的同学常常嘲笑他穷，没有好衣服穿。他在监狱里跟监狱长说：这件囚衣是我穿过的最好的衣服。由于同学都讥笑他，他的自卑感就越来越强，就是这样的刺激让他失去了理智。

"我也通过这件事提示家长，要从另一个角度看，为什么这些同学会被杀？是不是偶然？不是！因为他们没有做人的分寸，他们没有学到勿谄富，勿骄贫，没有学到人有短，切莫揭，人有私，切莫说，把人家的隐私拿来取笑，难怪人家会不理智地对待他们。所谓扬人恶，即是恶，疾之甚，祸且作，过分地侮辱他人，就会惹祸上身。"

但愿蔡礼旭老师这番话能让醍醐灌顶，那些平时爱讽刺挖苦人、侮辱人的人。

2. 不讲好话没财

常言说，和气生财，待人和善才能招财进宝，恶语伤人自然会破财。

• 明星恶语伤人，收入巨损

2008年，美国著名演员莎朗·斯通在出席夏纳国际电影节时，由于说话不经大脑，成为世界各地媒体"讨伐"的对象，连到手的广告代言费也被广告商要求退还回去。

记者问她知不知道知道中国地震，她说知道。记者接着问她有什么感想，她说很有趣，因为她觉得任何人都不能对别人不善，所以她觉得这次发生地震是不是中国人的报应。如果人做得不够好，坏事就会发生在他身上。

对于莎朗·斯通此次的辱华言论，不仅所有的中国人大为震怒，而且几乎所有的国外媒体也大感震惊。

很快，法国迪奥公司宣布，已全面撤下该公司形象代言人莎朗·斯通在中国市场的广告。与此同时，迪奥上海分公司还发布了一份声明，就莎朗·斯通对"中国大地震是报应"的言论表示道歉。该分公司公关经理郭小姐说，莎朗·斯通以后将不会出现在公司在中国市场的广告中。

另据彭博新闻社报道，迪奥公司所属的集团常务董事安东尼奥·贝罗尼要求莎朗·斯通澄清她的言论。贝罗尼表示，如果有可能使整件事情朝好的方向发展的话，这是他们最应该做的。如果她不同意这样做，他们将跟她终止合作，并划清界限。

迫于巨大的舆论压力，开始还一再狡辩的莎朗·斯通最后不得不低头道歉，承认自己犯了错误，很不理智，并表示自己说那些话并没有想伤害任何人的意思。此外，她还说自己愿意积极参与任何关于中国地震灾害的援助活动，并尽全力帮助受灾的中国人民。

莎朗·斯通恶语伤人，既成为全世界人民和媒体竞相讨伐的公敌，也使自己的广告收入化为泡影，可谓赔了夫人又折兵。

● 擦鞋工恶语，生意泡汤

有一天，我到一家连锁擦鞋店去擦鞋。店里只有一位擦鞋工，小伙子干活很卖力，正在给一位客人擦鞋，还不断和客人聊天。这时候，客人的电话响了，对方让其去打麻将。客人说："你们三缺一啊？好的，我这里忙完马上就去，一起玩几圈。"

没想到，这时擦鞋的小伙子接了一句："你要去赌博啊？"客人一听，马上变脸："你这是什么话！打牌就是赌博啊？"临走甩下一句："以后再也不来你这儿擦鞋找气受。"

你看，说错一句话，得罪了一位顾客，回头客没了。

● 不会感恩，福利取消

我的一位朋友讲，他们公司的老板很慷慨，年年组织员工旅游，今年却突然取消了。为什么呢？原因并非财务危机，而是老板觉得没意义，"每年都花一大笔钱，却从没有人跟我说一句'玩得很开心，谢谢老板'之类的话。"

3. 不讲好话没官

当官从政，无论大官还是小官都掌握着一定权力，如果不能出于公心讲好话，常常会从伤人开始，到伤己结束。

- **王安石讲别人坏话，遭朝廷疏远**

　　宋神宗时的宰相王安石，人称"拗相公"。"拗"字，在汉语里是倔强、偏执的意思，是说一个人性格古怪，异于常人。可见，"拗"字用在他身上，是个贬义词。他曾经因讲苏轼的坏话，导致自己最后遭朝廷疏远。

　　王安石与苏轼政见不同，经常发生争执。有一次，宋神宗打算让苏轼修《起居注》，负责记录皇帝言行。当征询王安石意见时，王安石眉头一皱计上心来，说："记录皇帝言行是何等荣耀的官职，苏轼不堪此任。"宋神宗素来很喜欢苏轼，就替他辩护说："苏轼文学出众，性格平静淡雅，司马光等人都极力推荐他。"
　　王安石不以为然，说："三年前苏轼父亲去世时，韩琦等人去送礼他不接受，却用官船运苏木入蜀贩卖，这事人人皆知。这种人虽有才智和名望，但只能当个通判，不可大用。"
　　苏轼虽然最终没被任用，但宋神宗经过核实，发现王安石所说之事纯属子虚乌有，所以日后渐渐疏远了王安石。

　　苏轼与王安石因为政见不同，有矛盾有隔阂，也属正常，但作为当朝宰相，本应"宰相肚里能撑船"，但当宋神宗建议提拔任用苏轼时，王安石造谣生事，恶言中伤，横加拦阻，虽然一时达到了整人的目的，但经过查证，最终水落石出。王安石的这种做法，为宋神宗日后罢免他的宰相之职埋下了伏笔。
　　再看一个现代的例子。

　　张某在阿里巴巴做中层已有多年，业绩不错，工作考核分数一直领先。但他脾气不好，经常因工作问题和大家吵架伤和气。
　　一次，企划部主管建议张某不要太拘泥于样本评估，做企划要有针对性。张某说："你少跟我讲大道理，企划书上的数字必须明白，不按照样本评估做企划,隐患有多大,你知道吗?"

对方说:"评估的参数低,不符合实际情况。"见对方不示弱,张某竟骂起娘来。

就这样,张某一连吵了四五场架。跟他吵过的躲着他,没跟他吵过的防着他。

后来,公司提拔高层干部。人事部推荐了张某,结果被马云否决了。马云说:"他的业绩再好,老吵架得罪人,进了高层也站不住脚,还不如现在就刷下来,再好好修炼自己吧。"

口出恶语,自然容易引发争吵,做了高管也站不住脚。所以,张某被马云刷掉,也在意料之中。

4. 不讲好话没面子

• 记者刻薄采访,颜面扫地

讲话时起心动念,一定要与人为善。如果动机不良,以为可以让别人难堪,自己得意,到头来只会让自己颜面扫地。

2006年瑞士洛桑田径超级大奖赛中,刘翔以12.88秒的闪电速度刷新了世界纪录,震惊了世界。

刘翔走下赛场,被媒体团团围住。当时,日本《朝日新闻》的一名女记者,语气尖酸刻薄地采访刘翔:"在田径短跑领域,亚洲人一直处于弱势地位。欧洲、美国包括日本在内,有很多人都怀疑您成绩的真实性,认为可能是服用了尿检查不出的一种兴奋剂。请问您对此有什么看法吗?"

说完,女记者一脸傲慢,为自己的尖刻扬扬自得。刘翔不紧不慢地回答:

"从卡尔·刘易斯到蒂姆·蒙哥马利，日本和美国的医学一直走在中国的前面，服用兴奋剂的历史自然也比中国悠久得多。如果有这种高科技兴奋剂的话，我想日、美运动员一定早就使用过了……"

听到这话，女记者顿时花容失色，但她很快镇定下来，继续不依不饶："假如有这样一种药剂，喝了能让你的成绩提高到12.4秒或12.5秒，你喝不喝？"

刘翔坚定地说："我肯定不会喝，因为这有悖体育精神。"

说完，中外记者纷纷投来钦佩的目光，掌声经久不息。女记者见偷鸡不成反蚀把米，只好灰溜溜地掉头就走。

- **医生说话无情，险遭痛打**

有位叫苏然的医生，因为不会讲好话，不光害得自己没面子，还差点被病人打一顿。

一天，一位病人来到科室大吵大闹，说自己当初排了好半天队，到头来病没看好不说，还花了不少钱。护士们看他像是失去了理智，都不敢制止他。

苏然见病人已严重影响到她们的工作，便上前义正词严地说："这位先生，请你先冷静一下。你说的这些我们都理解，但你来我们医院看病是你自己选择的吧？和我们没关系。你排队时间长，是因为你来晚了，这和我们没关系；你嫌药贵，可医院里的药是物价局核定的，也和我们没关系；你说病根没除，每个人体质不同，因人而异，我们医院也不能包治百病，否则这世界上人人都长命百岁。你想想，是不是这个理？"

苏然话音未落，病人勃然大怒，把他桌上的病历扔了一地，挥拳要打他，好在被人及时劝住，苏然才没挨打。

苏然说得有没有道理？有。有没有感情？没有。他说话难听，有病又有气的病人听了，自然气不打一处来，想打他一顿。

5. 不讲好话没感情

不讲好话，夫妻没情、兄弟没情、朋友没情。

● **丈夫怨妻，夫妻吵架**

夫妻闹矛盾，大多是因为不会讲好话造成的。比如太太下班回家就进厨房，做好了饭菜，端上桌。你尝了一口，说："你做了这么多年的饭，这饭是怎么做的？太咸了。"你说了这话，一定会和太太吵起来。

《演讲与口才》杂志上讲过这样一件事：

王某的妻子董某为他的仕途着想，放弃了自己的工作，当了全职太太。

一天，单位的同事要来家里拜访，王某叮嘱太太好好打扮一下，太太因为家庭琐事太多，把这事儿给忘了。

等同事一走，王某就像火山喷发："让你打扮一下，给我长点脸，你把我的话当作耳边风了吗？你说说这几年，不是奶瓶就是尿布的。我问你，上海楼市低迷，你知道吗？第68届美国金球奖颁奖了，你听说了吗？这不都是你最擅长的吗？儿子发烧，到现在你还手忙脚乱的；做的菜不是咸了就是淡了。你看你，家里家里不行，外头外头不行，你现在成什么样子了！"

听完丈夫的斥骂，一肚子委屈的太太大吼道："要不是为了成全你，我会放弃自己的事业吗？要不是为了你，我需要每天系着围裙吗？好！明天我就出去工作，儿子留给你照顾！"夫妻俩大吵到大半夜，冷战了一个星期。

常言说：清官难断家务事。为什么？因为家庭纠纷没有对错。只要双方互相体谅，多讲好话，绝不会燃起战火。而王某不体谅太太，只考虑自己的面子，出口就伤人，结果是"夫妻俩吵到大半夜，冷战了一个星期"。伤人、伤心、伤身体，影响心情，影响工作，影响孩子性格，甚至会导致离婚。

• 讲话太直，IT 巨头反目

IT 界的人都知道，周鸿祎和雷军曾经是很好的朋友，但后来反目了。为什么？看看《人物》杂志上周鸿祎的反思就明白了。

周鸿祎回忆说，自己跟雷军刚认识那会儿，都住集体宿舍。雷军的太太跟周鸿祎是方正的同事，又跟他太太在同一个部门工作，因为这层关系，他们两家一直有来往。周鸿祎记得，有一段时间，雷军夫妇二人经常到他家去，周鸿祎还亲自下厨给他们做饭。

周鸿说，当时自己初生牛犊，不知天高地厚。有一次周鸿祎和雷军坐在车里聊天，周鸿祎批评他的软件《盘古组件》做得不好，雷军生气了。雷军生气是这样的：他也不跟你吵架，就是不说话，然后看着车窗外开始抽烟，气氛很尴尬。

后来周鸿祎才知道，盘古实际上没有成功，这是雷军心头的痛。雷军开公司已经好几年了，突然来了一个刚毕业的研究生，上来就说他的东西做得不好，他从情感上肯定接受不了。

当时电脑还是稀罕物品，周鸿祎在教人用电脑的过程中产生了一个想法——做一张教人如何用电脑的光碟，于是兴冲冲地跑去找雷军聊。雷军比较冷淡，觉得这个想法不怎么样。后来在 1997 年，周鸿祎在做方正飞扬电子邮件，觉得很开心，想把电子邮件做成一个游戏似的画面。有一天，雷军来周鸿祎家里玩，周鸿祎就让雷军看。雷军很不屑地说："你这是在马桶上绣花，绣得再漂亮，它还是一个马桶。"周鸿祎当然不高兴了。

好朋友最后逐渐疏远，是因为什么大事吗？不是，就是因为彼此平时说话太直，不考虑对方的感受。

• 说话伤众，战友翻脸

讲话中，只顾夸奖自己，不考虑对方的感受，即使是战场上浴血奋战的战友也会闹翻。小说《亮剑》描写了李云龙和一群战友在南京军事学院学习时的一段场景。

李云龙说："……所以，这题目出得不好，没法讨论，我建议咱们讨论一下淮海战役。我就纳闷了，淮海战役开始时，我们华野和中野凑起来才60万人，可国民党军有80万，论装备就更没法比了，人家天上有飞机，地上有坦克、重炮。论机动能力，咱就靠两条腿儿，人家靠汽车轮子，正经的机械化兵团。大家讨论讨论，咱们咋就稀里糊涂用60万人收拾了他们80万人呢？"

从国民党起义过来的教员张口结舌，半天没说出话来。一场战争的胜负，不光取决于双方军事力量的优劣对比，还有政治、经济、外交方面等诸多因素，对于这些挟胜利之威的学生，他无法用简单几句话来讲明白。

学员们都来了兴致，纷纷起哄。丁伟发言道："老李，我来告诉你，是蒋介石帮了你们，他要是不炸开花园口，黄河就不会改道，就不会造成大面积的黄泛区，像黄百韬兵团、黄维兵团都是被黄泛区拖住，汽车轮子被烂泥陷住了，就不如两条腿快啦，所以说，是蒋介石帮了你们忙，咱们就不讨论这个题目了。还是说说我们四野吧，以少胜多的战例，我们有不少，我给大家介绍一下，就说我们纵队吧……"

李云龙一听话题被转到四野的战例上去了，便来了气："去去去。是你发言还是我发言？动不动就是你们四野，你们到东北捡了这么多洋落，接收了小鬼子多少装备？那是你们打仗缴获来的吗？你们有100多万人，打谁打不赢？一人一口唾沫也能把人淹死了，你们算啥以少胜多？我们华野装备是差点，可好歹是咱自己从敌人手里夺来的，你满世界打听打听，60万吃掉80万的战例，哪国有？"

李云龙的话有些伤众，来自四野的学员都不爱听了：他妈的，按老李的意思，我们是连打都没打，白捡了这么多装备，靠啐唾沫把东北啐下来的？又他妈的一路啐到海南岛？这不是看不起我们四野吗？是可忍，孰不可忍，跟老李没完了。四野的学员七嘴八舌地朝李云龙开火了，讽刺和谩骂全来了。课堂上乱成一锅粥。

"老李，你这是吃灯草灰——放轻巧屁。……总共就有三大战役，我们四野就打了两个，没有我们四野，全国解放就得推迟几年……先不提辽沈战役，就说老子们出关时才10万部队，不到三年就打出100多万，那是吹出来的？三下江南、四保临江、血战四平，零下40度的大烟泡天儿，枪栓都冻住啦，老子们一步一个脚印打出来的。"

来自一野的副军长罗大征也嘻嘻哈哈地打圆场："都别争了，都别争了，还是说说延安保卫战吧。我们教导旅和新四旅总共才两万人，胡宗南有多少人？20多万啊，要说以少胜多，我们一野战例多啦，蟠龙大捷、青化砭……"

来自二野的常保胜也不甘落后，插嘴说："我们二野千里跃进大别山打得咋样？别净吹你们的战例，解放战争中，我们二野最先发动反攻，给他来个中路突破，中路一破，全国战场都活了，破其一点，全线动摇，你们都跟着沾光……"

课堂上越闹越乱，学员们先是互相吵，各自代表自己的野战军，然后又一致把矛头对准教员，一口一个"你们""我们"的，似乎教员就是国民党军方的代表，逻辑是现成的，在战场上你们是手下败将，现在，有什么资格当我们的教员呢？

而挑起这场事端的李云龙，这会儿又趴在桌上鼾声如雷了。当天晚上，李云龙接到通知：马上去院长室，院长要找他谈话。

这段精彩的描写，是活生生的不会讲好话的案例。李云龙老是自夸，战友们对他当然会"讽刺谩骂"，群起而攻之。如果你上来就夸人家一野、二野、四野，那老战友们肯定会主动地夸你三野。可惜，这李云龙在战场上足智多谋，英勇善战，可是在老战友面前一自夸，就没人买他的账了。最后，还挨了刘伯承院长的严厉批评，并深刻检查，当众检讨。

不讲好话不光没有朋友，还会因为一句恶语而树立一个敌人。

● 嘲弄客户，自树劲敌

　　法拉利跑车有个劲敌，叫兰博基尼。这个劲敌是怎样树立的呢？就是由于一句伤人的话。

　　兰博基尼是意大利一家拖拉机制造厂老板，酷爱法拉利跑车。有一次，在他的四辆法拉利跑车中，法拉利250出了故障。他心急如焚地找到法拉利跑车制造公司的服务部投诉变速箱问题，结果遭到冷遇。
　　兰博基尼怒火中烧，拜访赛车之父恩佐·法拉利。法拉利对兰博基尼的回复再度冷若寒冰："我用不着一个拖拉机制造者来告诉我如何造车吧？"
　　兰博基尼生性孤傲，被自己所敬重的人如此嘲弄，怎会善罢甘休？兰博基尼变卖了自己视若珍宝的四辆法拉利跑车，一场世界超级跑车界瞩目的"华山论剑"就此上演。兰博基尼在距离法拉利之都摩德纳仅仅15公里的地方，开了兰博基尼跑车制造股份有限公司。公司开业之初，兰博基尼就确定了自己唯一的创业宗旨——誓与法拉利决一雌雄，不达目的绝不罢休！
　　经过夜以继日的努力，1963年都灵车展上，兰博基尼概念车第一次亮相，震惊了跑车界，包括当年回绝他的法拉利。

　　讲好话有朋友，说恶语树敌人，法拉利的教训极为深刻。
　　讲好话有这么多好处，为什么有很多人不愿意讲呢？因为有八大心理误区，下一章里，我将对这些误区一一解析。

第五章 不会讲好话的八大误区

正如每天都要吃饭喝水一样,我们的心灵也需要汲取赞美的营养。有人说:"全世界有 30 亿人每晚饿着肚子睡觉,却有 40 亿人带着空虚感入睡,因为他们整日未曾得到一句鼓励或肯定的话。"

讲好话有这么多好处,可是为什么有"40 亿"人还是听不到好话呢?因为这个世界上80%的人不会讲好话。他们为什么不会讲好话?因为在对待讲好话上存在着八大误区:一、不会夸——性格使然;二、不屑夸——清高,觉得别人不如自己;三、不敢夸——怕被人说成拍马屁;四、不必夸——哥们儿、夫妻关系好;五、不能夸——认为夸了对方,对方就会翘尾巴;六、不善于夸——没有掌握夸人的技能;七、不好意思夸——想夸奖,开不了口;八、不肯夸——明知道你的优点,眼红嫉妒不肯夸。

一、性格耿介，以直为傲，不会夸

不会夸，往往是性格使然，讲话太直，有人还总以"直"为傲。
在网上看到这样一个帖子：

我就是这种直脾气，说出话老得罪人，想改，又改不了。谁能教教我怎样改？
有个朋友说：不用改，我也是一个很直的人。这样不会让人认为很装。直来直去有什么不好？我们活着不是取悦别人的！做最好的自己。

"不取悦别人"与"做最好的自己"，二者就像是鱼和熊掌，不可兼得。不取悦别人，我相信能做到。但要想做最好的自己，每个人就需要别人的帮助，"一个篱笆三个桩，一个好汉三个帮"，要想得到别人的帮助，就必须有良好的沟通能力。而讲好话就是沟通的最好方法。不会讲好话的人，首先在认识上存在误区。

1. 说话直，不是优点而是缺点

小S概括：直，就是没礼貌，讨人嫌。
小S最怕的也是这种"直"的人。

"做自己跟没礼貌常常就是一线之间,每次听到别人说'我这个人说话就是比较直',我就开始冒汗,因为接下来一定会有一些被他归类为'直'但其实挺刺耳的话出现,例如:'你今天气色怎么这么差?''最近胖啰?''怎么还不结婚?''你记得我吗?'(我都已经面露尴尬,她还死不报上名,真讨厌!)

"跟蔡康永聊天绝对不会被刺伤,还会被他附带的一两句小夸奖逗得心花怒放,但又感觉那么真诚、不滑头,让人不爱都难!"

如果因为懂得说话而交到好朋友,又可以让人开心,为什么不呢?

直,就是没礼貌——小S概括得很到位。讲话直,最后只会得罪人,让自己不痛快。

不会夸奖人,首先就让别人不舒服,到头来还会让自己处处碰壁。

有一位朋友,无论对家人、对朋友、对陌生人,一辈子说话都很难听,从来不会夸人。

儿子结婚不久,第一次见亲家,她劈头盖脸地就指责亲家:"你们女儿怎么教育的?一点家务都不会做。你再不教她,我儿子将来有外遇,你可别怪我儿子。"儿媳听了气得要死,坚决要求儿子搬出去住,再也不和婆婆来往。

自己嘴上虽然痛快了,可是让亲家和儿媳不痛快了,反过来,别人也会让你不痛快。这就是镜子原理,你给我一拳,我还你一脚。

2. 怎样克服说话直的缺点

掌握方法: 好脸好话,不反驳。

一位读者很有悟性,悟到了自己直脾气的害处,特意给我来信求教。沟通如下：

殷老师：

您好。我觉得您是个很热情的老师，每次学生的提问您都能帮忙解决。

最近我发现了自己的一个问题，是同事发现的。他说我讲话太直、太死板，不够灵活，让别人不喜欢。

人就是要靠语言来交流的，我想我的人际圈不太广，主要是我不太会讲话，所以在工作上也没有很大进步。

殷老师，能给我说个方法吗？

Rudu1234

对于他的问题，我回了一封信，信中给他提了两点：

Rudu1234：

你好！你今天就很会讲话，先夸我，再提出问题。我听起来很舒服，很乐意回答问题。

怎样解决讲话直的问题呢？首先思想上要高度重视。讲话直是一个很大的缺点，必须改正。为什么说是很大的缺点呢？

一是讲话直的人通常命运不好。人生就是两件事：做事与做人。讲话直，容易得罪人，人际关系一定差，做人失败。人生两件事你已经失去一半了。

二是讲话直说明无爱人之心。孔子说，仁者爱人。什么是仁？就是设身处地，站在对方的立场考虑问题。说话直，就说明根本没有站在对方的立场上考虑问题。

讲话直，人生一定费力不讨好，一定很痛苦。

解决讲话直的问题，有两个方法：

一是好脸好话

好脸,就是学会微笑,每天练习说"引"100次。

好话就是夸奖人。我给学生布置过一份夸人作业。你可以按照这个去做,每天夸三个人,把夸人的话和对方的反应记录下来,并写上自己的感悟,坚持21天。

下面是我的学生程懋永的两篇夸人的作业,供你参考。

作业一:

有一天,我去找老师问作业问题。进门第一句话是普通的问候,这时候老师正在摆弄她桌上的相框,是她的全家福照片。我看到照片里的孩子,大赞:"好漂亮的孩子啊,不愧是老师的小孩。"

老师一脸微笑,谦虚地说:"哈哈,是啊,如今长大了不少,没以前那么可爱了。"

我连忙回答:"老师那么漂亮,以后您的孩子肯定跟您一样是个万人迷,您不用担心啦。"

之后,老师在解题上给了我很多帮助,并且提醒了我很多考试中的要点。

感悟:赞美别人,别人也就会给你更多你想要的信息。

作业二:

去朋友宿舍,看到朋友的舍友正在玩电脑游戏。以我对"高达"这款游戏的认识,不难看出他的游戏装备是很贵的,而且他还给高达涂色,这些都是高端的玩法。

我说:"哇,这些PG的高达产品好精致,而且你的涂色手法也很熟练。看来是一个骨灰级的高达玩家。"

对方说:"没有没有,这些都是自己打发时间随便玩玩的。"

我说:"我自己也有几个高达,但是没玩到能自己涂色和改装的境界，看来有时间需要多多交流一下。"

这时候，他就向我诉说玩高达玩了多久、每一种款式的来历，以及他怎么瞒着父母存钱买高达的故事。

感悟：在他人所钟爱的领域夸奖他，是认识朋友的最快方式。

二是不反驳

如果和别人的意见不同，也要忍住不去反对，首先点头说"对"，然后说"我再补充一点"。练习自己的克制力。把每天忍耐的案例记下来，发给我，坚持 21 天。能做到吗？

殷亚敏

殷老师：

我已把你写给我的办法抄下来了。每天都对着镜子练习说"引"，没事就练。

第二点不反驳，我真的要注意。我这个人做事就是由着自己的性子来。真的要克制。

Rudu1234

• 加强学习：法师教导"六不忘"

对于天性耿直、心直口快、自认为不好改的人，不妨听听清净法师讲的"六不忘"，也许就能开悟了：

"天性耿直和心直口快都不是缺点，甚至是修行的极好资质。只是，与不同人沟通需要注意态度和技巧：与老人沟通，不要忘了他的自尊；与男人沟通，不要忘了他的面子；与女人沟通，不要忘了她的情绪；与上级沟通，不要忘了他的尊严；与年轻人沟通，不要忘了他的直接；与孩子沟通，不要忘了他的天真。一种态度走天下，必然处处碰壁；因地制宜，因人而异，即可四海通达。"

二、清高傲慢看不起人，不屑夸

不屑夸，就是清高、傲慢，看不起夸奖人的沟通方式。这种心态常常存在于年轻的大学生中，尤其是男生中比较普遍。

我的一名学生说：回想起殷老师让我们回去夸人，刚开始时有点不屑一顾，后来才发现，这是一种让人与人之间更亲近的沟通方式。

不屑夸，又分为两种类型：

1. 世界太虚伪，不屑夸别人

这一类人的看法很有代表性：

向同学：

以前我看了一些文艺作品，便叛逆地认为人与人交往总是虚假的。但殷老师教我们要真诚，要好脸好话，你真诚付出，别人就会真诚回报。

事实果真如此，我每天笑脸迎人，真诚待人，发现周围的人都很可爱，大家相处格外融洽。我相信这个世界还是"真、善、美"多一些，我也相信我能在这个美丽的世界上得到幸福。

- **求婚男嘉宾："那个城市的人都有问题。"**

江苏卫视《非诚勿扰》的点评嘉宾黄菡老师说，她在节目上遇到过一位男嘉宾，30多岁，是一个博士，成绩特别好，毕业之后被分配到一个40万人口的城市，在那里工作了好几年都没找到女朋友。她问男嘉宾："你条件这么好，为什么没有找到女朋友？"他回答："因为那个城市里的人都有问题。"说到这里，现场的观众哄堂大笑。

其实，不是这个城市的40万人有问题，而是这位博士的看法有问题。

这个世界就像一枚硬币，有两面，既有善的一面，也有恶的一面。你心态阳光，天天看到的就是真善美；你心态阴暗，天天看到的就是假恶丑。

● 心中有佛，眼中就能看到佛

有一个故事，就说明了这种现象：

苏轼是个大才子，佛印是个高僧，两人经常一起参禅、打坐。佛印老实，总被苏轼欺负。苏轼有时候占了便宜很高兴，回家就喜欢跟他妹妹苏小妹说。

一天，两人又在一起打坐。苏轼问：你看看我像什么？佛印说：我看你像尊佛。苏轼听后大笑，对佛印说：你知道我看你坐在那儿像什么？活像一摊牛粪。这一次，佛印又吃了哑巴亏。

苏轼回家就在苏小妹面前炫耀这件事。

苏小妹冷笑了一下，对哥哥说："就你这个悟性还参禅呢！你知道参禅的人最讲究的是什么？是见心见性，你心中有什么，眼中就有什么。佛印说看你像尊佛，那说明他心中有尊佛；你说佛印像牛粪，想想你心里有什么吧！"

心态一变，眼睛就能看到世界的真善美，就能看到每个人身上的真善美。

2. 为人太傲慢，不屑夸别人

先同学：在课堂上，殷老师不仅仅教我们演讲的技巧，还教给了我们很多为人处世的道理，这点让我受益匪浅。过去不懂得为人处世的我，浑身上下散发着一股傲气，只有别人来恭维我，没有我恭维别人，这就是过去的我。通过一个学期的学习，我发现了我做人的错误，知道了与人沟通的技巧。在课堂上，我学到的不仅仅只有知识那么简单。

这位同学说得好，不屑夸是表象，傲慢心是根源，因为傲慢而不肯夸人，到头来等待自己的只有两个字：失败。

• 曾国藩教诲："败人两字，非傲即惰。"

在央视《百家讲坛》中，郦波教授评说《曾国藩家训》时，讲了曾国藩说过的两个字，让我过耳不忘。

曾国藩说："败人两字，非傲即惰。"

我认为这话说得太精确了。关于这句名言的意思，曾国藩还曾在家书中展开来说："天下古今之庸人，皆以一'惰'字致败；天下古今之才人，皆以一'傲'字致败。吾因军事而推之，莫不皆然。"（《曾国藩全集·家书》）

这就是说，天下的庸人之所以平庸无为，主要原因就在于一个"惰"字，也就是懒；天下的才子虽然有才，但有些最后要么一事无成，要么前功尽弃，原因在于一个"傲"字，也就是骄傲。曾国藩认为，以他多年带兵打仗的经验来看，天下事莫不如此。

为什么人一傲慢，就会失败呢？因为傲慢的人，都是自以为是的人。一面是自以为是，另一面一定是以人为非，只看得见自己的优点，看不到别人的长处。天天只看到别人的短处和不足，自然挑剔责难不断，人际关系紧张，人人讨厌，失道寡助，还能不失败吗？

• 博士教训：人傲慢，人缘差，事业衰

蔡康永在《蔡康永的说话之道》里就生动地描写了一个自以为是的典型。

古古有个同事，毕业于一流大学，辩才纵横，逻辑清晰，学富五车，口若悬河。每次部门开会，如果上司问他意见，他都很有想法，侃侃而谈。

但大家都觉得他很讨厌。有工作需要协调的时候,别的部门的人很少愿意配合他,同部门的人也不太愿意跟他一起合作。

有人会问:他怎么了?其实他也没怎么,只是在跟别人意见不同的时候,总喜欢把对方说得哑口无言。厉害是厉害,但讨人厌。口头上败给他的人,心里都期待他出洋相。

其实,上司们也都欣赏他,但当他们发现他人缘太差、事情做不成、没法打团队战时,对他的评价就大大降低了。

你看,人一旦傲慢,就会让同事讨厌、领导疏远、孤掌难鸣,什么事都做不成了。所以要想去除这个"傲"字,就得从欣赏人、夸奖人开始。

三、分不清夸奖与拍马屁,不敢夸

不敢夸奖人,觉得夸奖就是巴结人、拍马屁,怕别人说自己没人格、太虚伪。要从这一误区中走出来,必须弄清楚以下问题:

夸奖与拍马屁的区别是什么?概括起来,二者的区别可以从三点来看:

1. 夸奖的话真实,拍马屁的话不真实

这位大哥,小弟我对你的仰慕之情有如滔滔江水绵绵不绝,你英俊潇洒、风度翩翩、仙智在天、神勇无比、英明神武、智力非凡、慧如孔明、力如项羽、玉树临风、无所不能、百战百胜、无一败绩,简直无人能及。与我同感之人

成百上千，死心塌地地跟随您了，您一定不会伤害我这个又可怜又可爱的小朋友的。

如果你见人，不分男女老少，上来就说这番套话，就是拍马屁，因为这些话不真实。

再看蔡康永讲的另一个例子：

古古有个同事，嘴巴很甜，一有需要讨好别人时，再瞎的话也说得出口。上司的头发明明烫得像欧巴桑，他也能称赞上司像从欧洲古堡里走出来的公主；老板明明胖到电梯都快进不去了，他也能说要拜托老板指导他如何健身，才能保持这么英挺的身材。

但古古注意到一个事实，就是上司或老板被他这个同事这样猛夸时，常常笑得很尴尬。这些能做到上司和老板的人，肯定是有基本智商的人，要他们相信太离谱的赞美，实在有点强人所难。

夸奖胖人是"身材英挺"，这就是不真实，就是拍马屁。这样的话让我说，我也不敢说。

2. 夸奖的话真心，拍马屁的话不真心

所谓真心，就是你真的为对方着想，而不是为自己牟取私利。

一个叫伍时转的作者在他的《老年人需要赞美》一文中写道：

父亲90岁了，一辈子勤劳，闲不住，家务事总要抢着做，不让他做他就不高兴，生气地说："我还没老！"我们只得让他做。

但有时他又总做不好，比如炸花生米，因视力不好，往往会炸焦。有时他

要做一两个他的"拿手菜"给我们吃,虽然有时不是盐放少了没味道,就是花椒放多了麻得舌头难受,但我们仍然说好吃。

这时他就很高兴,打开话匣子"吹"他年轻时当厨子做的菜如何如何受赏识。我们在与父亲的交流中得到一种启示:老年人需要赞美。

好话即使是假话,也要说。为什么?因为话虽然是假的,但心是真的,要从起心动念上分析。佛家讲,论心不论事。人生的目的是什么?是快乐。吃得好和老人的开心快乐相比,哪个是目的?是老人的快乐。所以话虽是假的,但对老人的孝敬之心是真的。

3. 夸奖的话使人认同,拍马屁的话引人反感

俗话说,旁观者清。夸奖是一个人发自内心的声音,让旁观者听了都点头称是,这就是认同;拍马屁是假惺惺的,旁观者听了只会嗤之以鼻。

见了矮个子,你硬要说他身材挺拔、玉树临风;听一个人讲话结结巴巴,你硬要说他口若悬河、侃侃而谈,如果这时你还拿不准是否在拍马屁,就看看旁边的人吧。如果他们或侧目,或摇头,或窃窃私语,你就不要用往下说了。

曾经在《中外管理》杂志看过一个溜须拍马让人极为反感的故事:

30岁出头、文学修养很好的F3先生研究生毕业后,进了一家民营集团担任战略发展部副总经理,年薪50万元。入职快三个月了,一直没机会跟老板谈话。直到有一天,机会终于来了,他决定好好表现一番。集团李董事长主持公司内部的一次会议,其中一项议题是要听取关于企业战略发展的下一步计划,F3先生被选定做汇报。

让所有人都想不到的是,F3先生不发言还好,一发言震惊全场:"尊敬

的李董事长、尊敬的王副总裁、尊敬的刘副总裁、尊敬的张副总裁,尊敬的郭总经理、高总经理、刘总经理、李总经理、姜总经理、杨总经理,以及各位同人,今天我很荣幸地向各位领导和同事汇报企业战略发展的计划问题。

"我们李董事长雄才大略、高瞻远瞩,以超凡脱俗的智慧,构建起了我们企业战略发展的核心和精髓,才有了我们今天举世瞩目的独特的战略发展蓝图。我们应该为此感到骄傲和自豪,也使我们对未来企业发展战略充满了信心和希望。

"我们的王副总裁可谓铁肩挑四担,战略发展是其中一副非同寻常的重担。王副总裁虽然日理万机,但非常关注战略发展工作,经常莅临战略发展部,亲自指导我们战略发展部的工作,使我们的战略发展工作有了长足发展。尤其最近三个月来,为了企业的战略发展工作,可谓披肝沥胆、呕心沥血……"

大家忍受了 F3 先生的一通马屁后,觉得应该可以进入正题了吧,没想到,他又开始大拍特拍其他两位副总裁,极尽阿谀奉承之能事,把两位副总裁拍完后,又开始拍战略发展部的郭总经理,拍完郭总经理后,又挨个把到场的十多位总经理拍了一遍。

拍完所有高层的马屁,用时长达五分钟。郭总经理在旁边一个劲儿朝他使眼色,但 F3 正在兴头上,以为郭总经理是在鼓励他,于是更加刹不住车,继续滔滔不绝。

李董事长终于忍无可忍,猛拍了一下会议桌,会议室顿时鸦雀无声。

会后,李董事长指示让 F3 立即滚蛋,并说公司绝不能助长此风。

你看,这就是一个拍马屁拍得令人反感的经典例子。F3 先生的发言让所有的人无法忍受,让董事长忍无可忍,拍案而起,这就是拍马屁让人嗤之以鼻的反面典型。

四、认为亲人、好友之间用不着夸，不必夸

认为不必夸，就是认为家人、亲人、好友，哥们儿关系好，用不着夸，夸了就见外，显得酸。

夸奖亲人、友人，真的会显得酸吗？

1. 家人之间需要夸

为了让学生表达出对父母的感恩，我给学生布置了一份《父母之长》的作业，要求每位学生写出父母的一个优点，并读给父母听。

父母读完之后，反应如何？请看两位同学的作业。

• 女儿夸父亲，父亲湿了眼眶

刘同学：

父母之长感悟

今天我像往常一样打电话给爸爸，不一样的是，这次我做了一件平时没有做过的事情——念《父母之长》给爸爸听。

"爸爸，您觉得您的长处是什么啊？"

"长处啊？能吃，能睡，不怕苦！哈哈！"

"不怕苦算是，可前两个……"我仿佛看到一只乌鸦从头顶飞过……"爸爸，想不想听您宝贝女儿的新作啊？"我有一个爱好，喜欢在空闲时写点小文章，小说、随想、评论什么的，喜欢和亲友分享。

"哦哦，好啊好啊。说来爸爸听一听，给你打个分。"

"这篇文章的题目是'父母之长'。我父亲最大的优点是守信。记得有一次，父亲正为竞标一个很重要的项目做准备，这时候一位预约过的客人到访。在这

种特殊情况下，父亲本可以让秘书接待一下就好，可他还是放下了手里的工作，坚持自己接待客人，因为他觉得人不能失信。"

"……"

"爸爸？刘总？您说话啊，我已经朗诵完了！是不是觉得鼻子酸酸的，或者眼睛雾蒙蒙的？"

"咳咳，胡说，你爸爸我在商场上摸爬滚打这么多年，什么好话没听过啊？就你这几句小马屁，我怎么可能为之动容？不说了不说了，爸爸很忙，先挂了先挂了。自己好好学习，天天向上，吃嘛嘛香啊！古德拜。"

我的话还没说完，老爸就收线了。什么嘛，真扫兴，还期望他能很感动呢！没想才不到一分钟，妈妈又打了电话过来："你这调皮蛋，你刚和你爸打电话说什么了？把他难过的，眼眶都红了！"

"啊？哦。哈哈哈，没什么没什么，你自己问他吧。拜拜！"原来爸爸是感动才挂了电话。

过了一会儿，我收到了一条很长的短信："乖女儿，今天你的那些话，爸爸都听进去了，到现在都记得很清楚，以后也会一直记得的。

"小时候，你总是经常哭着吵着说我是个坏爸爸，别人都有爸爸陪着去游乐场、去爬山、去旅游，还会收到爸爸的礼物，就你没有，还说你是我捡来的，呵呵。其实爸爸一直都觉得很亏欠，为了忙生意，经常不在你和你妈身边，导致我越来越不了解你，不知道你崇拜的偶像是谁，不知道你喜欢什么颜色，不知道你喜欢吃什么零食，让你在童年缺少了很多父爱。其实爸爸真的很爱你，你就是老天赐给我的礼物，是爸爸的福星，所以才给你起名叫刘秋祝。

"为了这个家，我必须出去奋斗，爸爸不是不爱你，只是方式不同而已。虽然在外面听过的好话已经不计其数，但是没有一句比你说的更让爸爸开心。带你去公司已经是很久以前的事情了，但是你居然还记得当时发生的事情，爸爸真的很感动。"

我看完这则短信，眼眶已经湿了。我曾经常说爸爸和朋友谈笑风生，对我却少言寡语。如今看到爸爸用短信的形式说了这么多话，我也一样被深深感动了。

- 儿子夸父亲，父亲哽咽30秒

王同学：

《父母之长》的练习更让我受益匪浅，我认为这不仅仅是一份作业，更是一个能让我们洗涤心灵、认清真正的自己的课堂。当晚我就给爸爸念了我写的《父母之长》。

30秒的时间内，我和爸爸都没有说话，只是听到电话那头的呼吸有点急促，后来爸爸说话的时候声音略带哽咽，我知道他是感动了。

其实父母的一切动力都来源于自己的子女，而我们的认可和感激就是最好的燃料。感谢殷老师给了我这么好的一个机会，让我可以表达我的感情。

男儿有泪不轻弹，只因未到动情处。上面两位父亲在听到孩子的夸奖之时，虽然没有掉泪，但眼圈红了，眼眶湿了。为什么会这样？就是孩子对父亲说出了从未说过的好话。这一说，让父亲与孩子之间更亲了，心更近了。

2. 好友之间需要夸

- 夸朋友，友情增进，好友增多

刘同学：

在进行了"好话"训练之后，我经常从各个方面发现同学们的优点，并及时地夸奖他们。以前我们总是"兄弟之间，坦诚相待"，只挑对方的不足，然后挖苦和讽刺。而真正发现了对方的闪光点，并且说了"好话"之后，我才意识到，这是一种让大家增进友情的好方式，也让我在这学期的演讲课上认识了很多不同专业的好朋友。

为什么兄弟之间也要讲好话？

1.因为兄弟也是人。人都有共同的人性：自尊。不会因为是兄弟，彼此就不要自尊。

2.因为兄弟之间有个"好"字。什么叫好兄弟？就是你觉得对方好，才会成为兄弟。认为他好，就要说出来，让他知道自己的好。

- **夸朋友，普通朋友变好友**

不会讲好话，朋友也能变成仇敌。会讲好话，不是好朋友也能变成好朋友。以下是刘同学和同学的对话：

刘同学：今天你的眼睛看起来格外有神，是化妆了吗？

同学：没有啊，和以前一样。怎么？和之前有不同吗？

刘同学：看来你是变漂亮了哦。

同学开心地挽着刘同学的胳膊，一边走一边跟她聊起天来。

刘同学的感悟：有时候人并不是那么容易相互亲近的。但是通过夸奖，我们把隔膜打破时，就从一般的同学关系变成了好朋友。

五、认为夸了就会翘尾巴，不能夸

认为夸了就会翘尾巴，不能夸，就是指父母和老师认为，如果夸了孩子，孩子就会翘尾巴。

抱着"不能夸"观点的家长，对孩子常用的教育手段是什么？批，天天批评。

有位母亲为了避免孩子翘尾巴，一个劲儿批评孩子。不光批评孩子，连孩子的爸爸也捎带上了。

赵同学："妈妈，我发现你碰到困难时都能迎难而上，成功地将问题解决。"

母亲："麻烦找上门的时候，光靠躲是肯定不行的。你要知道，躲得了初一躲不过十五，问题总归是要解决掉的。所以，早晚要做的事为什么要拖到最后呢？这一点你跟你爸一样，事情总要到火烧眉毛的时候才会去做，这是非常不好的习惯！"

赵同学："知道了，下次我尽早解决问题就是了。"

母亲："哎，你每次都这么说，可下次再遇到麻烦时，还不是照样拖到最后？说了也不听，真是气死我了！"

赵同学："你也不要气了，我就是这种性格，你就让我慢慢改吧。"

母亲："我就怕你一辈子都改不了，将来会自食其果！"

这位母亲就是典型的认为孩子"不能夸"的人。

1. 夸孩子，会让他翘尾巴吗

不夸孩子，会对孩子带来什么样的影响呢？不夸奖，孩子哪有尾巴可翘？

"翘尾巴"是什么意思？就是指一个人骄傲自大、自鸣得意。翘尾巴需要资本，可是一个从来不被表扬的孩子哪里会有骄傲的资本呢？

有一次，我在北京一家单位做培训，主题是当家长的要对孩子多夸奖。

下了课，一位家长对我说："优点不说跑不了，缺点不说不得了。我是孩子他妈，我不批评他，就没有人批评他了。到社会上，才没有人管他呢。"

我问她的孩子优不优秀，她说不仅不优秀，还调皮捣蛋，不学习，让她愁死了。

我说，好孩子是夸出来的，坏孩子是批出来的。你孩子这样，就是被你批出来的。天天批，天天骂，孩子没有自信、没有自尊，自然就会破罐子破摔。好孩子是夸出来的，坏孩子变成好孩子也是夸奖的结果。

• 不夸奖，让孩子心生怨恨

有位大学男生对我说过一番话，让我大受震动：

小时候，我的学习不太好，我妈妈经常当着别人家孩子的面，批评我学习不努力，没有人家的孩子优秀，让我一直在同学面前抬不起头，对妈妈充满了怨恨。我一直在心里认为，我是二货，我妈也是二货。

听了这位学生的话，我一直在琢磨：为什么把孩子养大成人，孩子会用如此不敬的语言怨恨自己的母亲？

答案是：没有夸奖。因为孩子的成长需要两种食粮：一是物质食粮，二是精神食粮。

美国著名心理学家威廉·詹姆斯有句名言："人类本质中最殷切的需求，就是渴望被肯定。"欣赏、夸奖，就是让孩子成长的精神食粮。物质和精神两种食粮相比较，孩子更渴望精神食粮。一个不懂得给予孩子精神食粮的母亲，让孩子怨恨也就不足为奇了。

敬一丹的母亲就是一位很会用精神食粮哺育孩子的妈妈。

• 妈妈的夸奖，让敬一丹解开心结

敬一丹40岁时也遇到了一道跨不过去的坎儿，是她妈妈对她的夸奖帮她解开了心结。她在《广州日报》上发表过一篇文章，叫《改变什么时候都不晚》：

"一转眼，我就到了 40 岁，看到镜子里自己眼角细密的皱纹，我突然有一种深深的危机感和失落感。40 岁，对于一个女人来说，是一道迈不过去的坎儿，尤其对女主持人来说，更是尴尬的年龄。

"我把自己的困惑和烦恼向母亲倾诉了，母亲说：'丹啊，你不觉得这十几年来，你是越来越美丽了吗？每一个人都不可避免地会变老，有的人只是变得老而无用，可是有的人却会变得有智慧有魅力，这种改变，不是最好的吗？'

"那一刻，我迷茫混沌的心豁然开朗，是啊，年轻女主持人的本钱是美丽和青春，而 40 岁的我，虽然青春和美丽已经不再，但我可以靠自己的智慧、学识、修养和内在的气质来赢得观众的喜爱。年龄对一个人来说，可以是一种负担，也可以是一种财富。心态平和了，工作的热情又重新回来了，尽管我已 40 多岁了，但领导依然让我在栏目组里挑大梁。

敬一丹的母亲很可敬。可敬的第一点是：会夸奖。母亲夸奖女儿"越来越美丽"，先让敬一丹树立自信，然后再顺势开导，让女儿心服口服，心结迎刃而解。

可敬的第二点是："恒夸奖"。敬一丹的母亲一定是经常夸奖女儿。如果平时敬一丹有了什么想不开的事对母亲一说，母亲劈头盖脸一顿训，估计敬一丹遇到问题也不会向母亲倾诉。正是因为母亲对女儿一贯地欣赏、鼓励，敬一丹才能在第一时间向母亲倾诉心事。

2. 真的是"忠言逆耳利于行"吗

● 逆耳之言，让学生厌其师

有的老师对好学生肯表扬，对差学生则总是严厉批评。曾经有位学生告诉我，他很讨厌他的中学语文老师，所以对他的课一点也不感兴趣。我问为什么，他说在他犯错误时，他的老师不是讽刺，就是谩骂、训斥。

有的教师说，良药苦口利于病，忠言逆耳利于行，我这样批评他们也是出于一片好心，为他们好啊！

好心还是坏心，不在于你口头上说的话，而在于实践检验的效果。

有一位学生拿了同学的钱，事后感到内疚，本想向老师承认，但老师在班会上说，班上××有三只手。从此这个学生感到没脸见同学，产生逆反心理，课堂上老师提问，他回答问题故意怪声怪气、油腔滑调，惹老师生气，与老师顶牛。

我这个编外老师，在大学里教了八年的课，开始也以为对差生不当众批评，就是是非不分；不尖锐地指出缺点，就是不负责任。后来发现，"忠言逆耳不利行"，没效果。经过反思，我总结了以下诀窍：

● 先夸后点，让学生心服口服的诀窍

在演讲口才课上，全班60名同学演讲完，我都会对每个人的表现进行点评。点评的方法都是先肯定优点，再点出不足。即使对于表现很差的同学，我也会挖空心思找出优点。

比如，有的同学腿发抖，眼不敢看人，我就夸他吐字比较清晰；有的同学讲话没条理，我就夸她有胆量；有的同学吐字不清楚，我就夸他笑容好。这样每个同学在我的讲评中，都能找到自信。而这种自信，成了学生喜欢这门课的理由之一。

陈同学：

殷老师每次在给大家做点评的时候，总是会先讲学生做得好的地方，再点出学生的不足。

记得殷老师布置的第一份作业是《我之长》，那时候，我刚好第一个上台演讲。记得那时我的表现差极了！我当时恨不得找个洞钻进去。但殷老师在点

评时,仍先讲了我做得好的地方。

对于我那么糟糕的表演,殷老师都能挑到好的地方,这大大减少了我心中的羞愧之情,心中充满了对殷老师的感激。

为什么要先夸后贬?我分析有三条理由:

1.天性。人的天性不可违。爱听好话是人的天性,差生好生都一样。违背了天性,学生就跟你玩"违背",对着干。

2.自信。老师批评学生,指出不足,目的是让学生对学习有兴趣,有自信,不自卑。而直接批评就打击自信,让学生对你的课丧失信心。一旦兴趣的大门关闭,怎么教都没用。给学生自信的方法很多,但讲好话是最有效的一个!

3.顺序。夸与贬的先后顺序很重要。要先夸,给人以信心后,然后指出其不足,这样才能让学生有更清醒的认识。

六、自认没掌握夸奖技能,不善于夸

不善于夸,就是心里本想夸奖人,但没有掌握夸奖的技能,选择干脆不夸了。

"我是那种生性不喜欢多说话也不会像人家那样嘴甜甜的哥长姐短的人,我只知道无论别人怎么说我,关怀帮助过我的,我永远感激。需要我的时候,我也会义无反顾地去帮助。"

"油嘴滑舌,我看不惯。路遥知马力,日久见人心。"

这就是典型的不善于夸,觉得我的感激都在心里,对方一定知道。我的行动胜过语言,不会夸没关系。

有没有关系呢？很有关系！

1. 不善于夸，让你没生意

和气生财，生意人本来应该是最善于讲好话的，可是有位生意人偏偏就不善于讲好话。

"熟能生巧"，来源于宋代欧阳修讲的一个寓言故事。

陈尧咨擅长射箭，当时世上没有人能和他相比，他对这一点引以为傲，常常自夸。

有一次，他在自家的园圃里射箭，有个卖油的老翁放下挑着的担子，站在一旁，不在意地斜着眼看他，久久没有离去。老翁见到陈尧咨射出的箭十支能中八九支，他也只不过微微点头表示赞许。

陈尧咨看到了，跑过来问他："你也会射箭吗？我射箭的本领难道不精湛吗？"

老翁说："没有什么别的奥秘，只不过是熟能生巧罢了。"陈尧咨听后愤愤地说："你怎么敢轻视我射箭的技术！"老翁说："凭着我倒油的经验就可知道这个道理。"

于是老翁取过一个葫芦立在地上，用铜钱盖住葫芦口，慢慢地用勺子把油倒进葫芦里，油从铜钱的孔中注进去，却没有沾湿铜钱。老翁说："我这点手艺也没有什么别的奥秘，只是熟能生巧罢了。"陈尧咨见此，只好打发老翁走了。

如果卖油翁只是个表演倒油技巧的杂耍演员，我们要替他叫好，可他作为一名职业卖油翁，我们只能替他可惜，因为他虽然倒油的技术炉火纯青，但是与潜在客户的沟通水平太低。如果卖油翁会夸人,赞赏陈尧咨好箭法,陈尧咨绝不会愤愤不平,一高兴,可能会买他一桶油。而卖油翁的不屑一顾,让陈很没有好感,只好打发老翁走了。

2. 不善于夸,让家人感受不到价值

士为知己者死,女为悦己者"烹"。网友"天田新异"在其《智慧男避免夫妻吵架的五个绝招》里写到,有位太太擅长烹饪,为老公做得一手好饭菜,可是她老公不善于夸,太太总得不到他的夸奖,结果出现了下面这一幕:

有次晚饭刚坐下,太太就问:"这乱炖怎样?"老公回答:"还可以。"太太又问:"这炖排骨怎样?"老公又说:"还行。"太太有些不高兴:"你这人怎么这么没心没肺,连句好话也不会说!"

看到太太生气了,老公马上进行弥补,当她把汤没好气地放在桌子上时,老公便马上说:"这个好!好!好!"太太问:"你还没喝呢,怎么就知道好不好?"老公回答:"我是说这汤,好,好烫!"太太差点没笑喷。老公接着说:"太太做的饭里有爱心一片,千金难买,自然好喝!"太太的气这才消了。

这老公还算有悟性,经历这件事后明白了夸奖的重要性,从此,餐桌上夸声不断,其乐融融。

还有位任劳任怨的母亲,因为一辈子听不到家人的肯定,终于罢工了。一天晚饭时,这位母亲突然扔了一把草在餐桌上,含着泪愤愤地说:"我给全家人做了几十年饭,一家老小从没人说过一句好听的,还不如给你们吃把草!"

这真是应了那句老话:人没有被累死的,只有被气死的。这位母亲不怕做

饭的辛苦，气的是一家老小从没人说过一句好听的话。

听了这个故事，我马上想到"日久见人心"这句话要改改了，对家人，一定要"日日见人心"。如果这位母亲一日三餐辛苦做饭，顿顿听到家人的夸奖，她就会越做越开心，厨艺水平也会不断提高，而绝不会闹出罢工事件来。

对于不善于夸奖的人来说，千万不要给自己打圆场，而是要马上行动，在夸奖中学习夸奖的技能。在第六章里，我会重点介绍夸奖的练习方法。

七、以为对方不喜欢听，不好意思夸

不好意思夸，就是知道应该夸奖人，但又怕说出来对方不喜欢听。

不好意思夸，是自己的心理误区，实际上，自己不说，对方才会不高兴；说出来，对方才高兴。

1. 爱，就要大声夸出来

杨同学：老妈，这红烧鱼真好吃，还有，还有那个虾、青菜都好吃，都是我最爱吃的，太幸福啦，谢谢老妈！老妈对我最好！

妈：哈哈，喜欢吧？知道你今天回来，大早去超市买的最新鲜的。来，来，多吃点，吃完了妈再给你做，冰箱里还剩有食材呢。

杨同学的感悟：夸人，还是一种感恩。其实我很少对家人说夸奖的话，总觉得这样会显得生疏或者别扭。当话说出来了，发现其实夸家人不是那么难；当看到妈妈脸上开心、幸福的笑，发现夸奖是十分有必要的。因为这些话会让家人觉得"你懂得感恩",而且你也在爱着她们。夸人,在这里,就像是表达爱意一样,虽然难说出口,但是,爱需要大声"夸"出来!

根据我的调查,发现班上80%的学生不好意思夸父母。于是我设计了一份"逼迫"作业:(1)写出《父母之长》;(2)对着父母读出来;(3)将父母听完《父母之长》的反应写下来;(4)在班上演讲。

这一逼,全班60位同学,有59位都给父母读了,可是有一位柯同学还是不好意思读。

2. 不好意思夸,根子在父母

我有个姓柯的学员,写了篇文章叫《父母之长的感悟》,跟大家分享一下:

人人都说女儿是爸爸上辈子的情人,可是我和爸爸之间的感情一直显得陌生而生疏。从我小时候起,爸爸就在外地工作,童年时期的我甚至没有"父亲"的概念,只依稀记得,每当逢年过节,他会提着大包小包的年货还有玩具,风风火火地出现在我面前,可是我却瞪着惊恐的大眼睛躲在妈妈身后,畏惧而害怕。直到长大了,父亲和我之间的交流也仅限于"成绩怎样,身体如何,不要早恋,钱够花吗?"。

人说父爱如山,在我心目中,父亲说不上是一座大山,却是一棵大树,即便风吹雨打也屹立不倒。我深深体会到了父亲的爱,而现在老师让我开口夸父亲,无疑是一件很为难的事情。

还是开不了口,于是我就给爸爸发了一组图和自己的《父母之长》作业。这周我把这组图发到他的邮箱,多次叮嘱他查看。

这是我的邮件内容:

爸爸：

　　从小很少和您谈论心事，更不会夸奖您。但是今天，女儿想对您说：您在女儿心目中，就如同一棵屹立不倒的大树，无论刮风下雨都保护着我和妈妈；您吃苦耐劳、任劳任怨，更像一头老牛，默默地扶持着我和妈妈，让我们过上衣食无忧的日子。爸爸，您的孝顺、正直，为朋友两肋插刀，对妈妈的宽容体谅，对我的严格要求，一直都是我欣赏和学习的品质。

　　爸爸，谢谢您对家庭的付出，谢谢您对我埋藏至深的爱。就像这组漫画一样，爱各不相同，有把心中的情感毫无保留地展示出来的爱，也有悄无声息地、坚定地埋藏在心中、不断加深的爱。谢谢您，爸爸。

女儿
2012.12.1

很快我就接到了爸爸的电话，我听到他哽咽的声音："你的邮件我收到了，也看了，最近天气凉了，你注意身体，不要学习熬夜太晚了，知道没有？平时多吃点，瘦巴巴的女孩子不好看，钱不够花跟我讲，我给你打钱。"

"知道了，我钱够花，天气冷了，你和妈妈也要注意身体。"

"嗯，会的。那没什么事我就挂电话了，公司还有事情要忙。"

"哦，爸爸再见！"

"对了……"

"怎么了，爸爸？"

"我也爱你，女儿，再见！"

这是我人生中第一次听到父亲对我说这样的话。其实，爱为什么要隐藏起来呢？而夸奖为什么要羞于言说呢？我想，面对世界上最疼爱你的人，没什么好害羞的，没什么好介怀的。

我为柯同学的父亲最终表达了对女儿的爱而感动，感动之余我也在思考，学生不敢夸奖父母的根子在哪儿？在父母！

孩子是父母的复制品。孩子从小到大从没听到过父母一句爱的表达，他们怎么会反过来对父母表达爱呢？

想让孩子会表达，当父母的要先表达，想让孩子会夸奖，当父母的要先会夸奖。耳濡目染，孩子自然而然地就会夸奖人，就不会还没开口脸先红了。

八、嫉妒心强，不肯夸

不肯夸，就是明明知道对方的优点应该夸奖，但由于嫉妒对方，选择不夸奖。

1. 夸人是消除嫉妒心的良药

有位朋友给我讲了这么一件事，说她做事情效率高，同办公室一位同事这么对她说：你做事不要太快了，太快会折寿的。我大姨就是做事太快，68岁就过世了。

一听这话，我朋友嘴上没说什么，但心里很不舒服，心想这人嫉妒心太强了，以后要离她远点。这是遇到了我朋友这样修养好的，如果遇到一位心直口快的，两人非吵起来不可。

本来，做事快，效率高，作为同事应该恭喜赞叹，夸奖别人：你做事效率真高，我得向你学习。这样既强化了对方的优点，也加深了双方的感情，但嫉妒心一起，不肯夸奖同事，还诅咒别人，只能让自己少了一个朋友，甚至结下宿怨。

嫉妒心人皆有之，关键是正确认识和驾驭嫉妒。认为对方的长处是对自己的否定，对自己是威胁，损害自己的利益和"面子"，这只是一种主观臆想。只要我们换一种想法，尝试去发现别人的优点，夸奖别人的长处，既可以让对方欢喜，自己也可以取长补短，嫉妒心就可以烟消云散了。

2. 夸人，你就在天堂；嫉妒，你就在地狱

有人想了解地狱和天堂的区别，就专门去向上帝请教。

上帝对他说："来吧！跟我去趟地狱看看吧。"于是，上帝就带他进了一个房间。房间里有群人围着一大锅肉汤，但每个人看上去都瘦骨嶙峋、满脸菜色。事实上，每个人的手里都握着一只可以够到锅的汤勺，可是由于汤勺的柄比他们的手臂还要长，没办法把汤送到自己的嘴里，所以眼睁睁地看着眼前的肉汤挨饿。

"好了，现在我再带你去天堂看看吧。"上帝便又把这个人领到了另一个房间。这里的一切和前一个房间没有差别，同样的一锅肉汤，一群人，一样的长柄汤勺，不同的是，这里的每个人都面色红润，体态丰盈，健康而富有活力。他们正在快乐地歌唱着幸福。

此情此景让他迷惑不解，他问上帝："这到底是怎么回事呢？为什么在同样的条件下，地狱的人们喝不到肉汤，而天堂的人们却能喝到呢？"上帝微笑着说："原因其实很简单，因为天堂中的每个人都会喂别人喝汤。"

天堂与地狱只有一步之遥。当你夸奖别人时，就像是在拿着长勺喂别人喝汤，你就在天堂；当你嫉妒别人时，就像是在拿着长勺喂自己喝汤，你就在地狱！

爱嫉妒的朋友不妨静下心来想想，你是要做孤家寡人，还是要拥有好的人脉？要想拥有好人脉，就应该从不嫉妒人、不说尖刻话、多夸奖人开始。

先破后立。分析完不会讲好话的八大心理误区，下一章我专门谈谈讲好话应该遵循的九大原则。

第六章 讲好话要遵循的九条原则

要学会夸奖,有九条原则必须牢记:

一、好心原则;

二、准确原则;

三、纵比原则;

四、平等原则;

五、一致原则;

六、新意原则;

七、"骨肉"原则;

八、恒夸原则;

九、三思原则。

一、好心原则

古人关于说明心的重要性的成语有很多,如言为心声、命由心造、相由心生、境随心转等。

言为心声,是说你说什么样的话,是因为你有什么样的心。

命由心造,是说一个人的命运,是由自己的心创造的。

相由心生,是说一个人的相貌,总会受到他的心灵因素的影响。

境随心转,是说一个人所处的环境及境遇会随着心境的转变而转变。"境随心转则悦,心随境转则烦。"

宋代陈希夷《心相篇》中有一句话高度概括了心的重要性:"心者,貌之根,审心而善恶自见;行者,心之发,观行而祸福可知。"

这从三个方面说明了一个道理:一个人的语言、命运、相貌、环境和别人无关,完全是由你那颗心决定的,是由你的念头决定的。一个人如果能把握自己的心,就能成就一切。

因此,好心原则是讲好话的决定因素。只有存好心,才能说出好话,做出好事,做一个好人。

● 章子怡为何主动送项链

有两位观众,一个向何润东要项链,何润东没有给;一个没有向章子怡要项链,章子怡却主动送。为什么?

在电影《非常完美》成都观众见面会上,章子怡和何润东两位主演同时和观众见面。

一位超级女粉丝，与章子怡同年同月同日生，期望能在现场与她对话。主办方曾再三叮嘱，只说同月同日，别谈同年。不料，当这位粉丝刚说自己与章子怡同月同日生时，章子怡立刻就问她："你也是1979年的吗？我们是一年吗？"随后，女孩真诚地对章子怡说："虽然网上经常有很多对你不好的评论和误解，但我相信你是一个单纯的女孩。你用坚强的心在支撑自己。在我不如意的时候，我就会想到你……"

女孩滔滔不绝的真情诉说，让章子怡感动得眼圈都红了："我都快哭了，是死撑着没哭……"章子怡将主办方赠送的金熊猫项链大方地赠给女孩，并亲自给她戴上。

章子怡连连感叹："今天真的好感动，有这么理解我的影迷……成都，是最让我心动的城市！"（《一番真情语，粉丝感动章子怡》，作者侯爱兵，发表于《演讲与口才·学生版》2011年9期）

再来看另一位观众被拒绝的经历。

在见面会上，一位戴眼镜的女观众抢到话筒，兴奋地说："何润东，我是你的影迷。从你演《玉观音》的毛杰开始，我就喜欢上你了。今天是我生日，能不能有个小小的要求？"

何润东面带微笑地看着她，示意她接着说。不料，她肉麻地说："我想让你'电'我一下！要以毛杰的眼神'电'我一下。还有，你可不可以把你的礼物（金熊猫项链）送给我啊？"

此言一出，雷翻全场。何润东尴尬得一边连连后退，一边拒绝道："这很不像话！如果大家都要，根本分不过来。"

就这样，那位想请何润东"放电"的狂热影迷自讨了个没趣。（《一席肉麻话，影迷雷倒何润东》，作者侯睿哲，发表于《演讲与口才·学生版》2011年9期）

为什么两个观众都说了好话,两位影星的反应却完全相反——一个主动赠送、一个却拒绝送呢?关键就在于讲好话时"心"的出发点不同。

章子怡的粉丝只想真诚地表达自己对偶像的爱,她的念头是利他的、无私的,是她真诚的心打动了章子怡,让章子怡主动送出项链。而第二位观众虽然也说了好话,但她的出发点是利己的、自私的,夸何润东是为了讨好他,想得到他的项链,自然遭到他的拒绝,自讨无趣。

具体说来,什么是讲好话时的好心?就是仁爱之心、感恩之心,宽容之心、同理之心、谦卑之心、舍得之心。

1. 好心是仁爱之心

也就是《论语》中讲的:"仁者爱人。"爱别人,才能讲出好话;不爱人,就讲不出好话。

● 只要心中充满爱,哪个孩子不可爱

吉林松花江中学王琦老师有句名言:只要心中充满爱,哪个孩子不可爱?反过来说,如果没爱心,哪个孩子都不可爱。

《演讲与口才》上讲了一个真实的故事,故事里徐老师正在讲课时,陆田桌上的书突然掉了一地。徐老师连看也没有看陆田一眼,说:"你自己不想听也就罢了,干吗还要捣乱?"

如果在平时,陆田会一声不吭,但今天因为头痛,一直趴在课桌上,自己也不知道怎么把书碰到了地下,于是解释说自己不是故意的。

徐老师说:"你就是来度假的,接着睡吧。"陆田说自己是因为头痛才趴着的。陆老师得理不饶人,质疑他是否真的头痛,反诘他头痛为什么不去医院,要跑到这里捣乱。陆田仍在小声辩解,徐老师让他滚出去。

陆田忍无可忍,马上冲出了教室。

如果是个有爱心的老师,听到学生头痛,首先想到的应该是关心学生,上前摸摸学生的头,让学生赶紧休息。哪怕只说几句好话,也能让学生感受到老师的爱心和温暖。为什么这位老师竟然对学生生病视而不见,还要带着厌恶的态度,训斥学生,让学生滚出去?说到底,就是对差生没有爱心,只有厌恶心。

• 教师语言暴力,在校园伤害中排首位

一份《教师语言暴力调研报告》显示,有48%的小学生、36%的初中生、18%的高中生曾遭遇过老师语言暴力;81%的小学生把"语言伤害"排在影响他们成长的校园伤害方式的首位。老师使用语言暴力,说明什么?说明没有爱心。

一位教师,必定要先有爱学生的仁心,才能说出爱学生的好话。

2. 好心是感恩之心

"感恩"是个舶来词,《牛津字典》给出的定义是:"乐于把得到好处的感激呈现出来且回馈他人。"怎样"呈现",最主要的方法就是语言。

• 感恩有四等

为什么要感恩呢?中国台湾陈女士在其所著《寿命是自己一点一滴努力来的》一书中,讲了为什么要感恩,角度很独特,我摘录如下:

这世间,大约有四等人:

1. 在无恩处，依然有恩。

2. 在有恩处，有恩。

3. 在无恩处，无恩。

4. 在有恩处，依然无恩。

意思是说：

第一等人：在不应该感恩的地方，都知道有应该感恩的地方，而感恩报恩。

第二等人：在应该感恩的地方，才知道应该感恩。

第三等人：在不应该感恩的地方，不知道感恩。

第四等人：在应该感恩的地方，都不知道感恩。

您是哪一等人，便在哪一层次，具有哪一种品格，生哪一种病，过哪一种生活，这是丝毫不差的。能有感恩、知恩、报恩的心，才能真正拥有您所希望拥有的，而不知感恩与报恩的人，必身陷绝境，直至一无所有。

读了上面这番话，我想你一定会选择做一个会感恩的第一等人了。

● 越感恩，别人的鼓励越多

我在 2010 年出版了《21 天掌握当众讲话诀窍》一书后，先后收到一千多封读者邮件。读者向我了解练习讲话的方法，谈自己练习的收获或困惑。对于这一千多封来信，我每封必回，而且都是先肯定读者的优点，再分享解决问题的方法。

为什么我能够做到每封必回呢？一个重要原因就是我对读者怀有感恩之心。

我是这样想的：一是读者有恩于我。读者花钱买我的书，就是对我有恩，我应该感恩。二是读者对我充分信任。读者读了我的书给我来信，说明信任我。自己理应不辜负读者的信任，尽己所能，只要时间允许，一定回答读者的问题。三是教学相长。读者每一次来信请教，都给我提出了教学中我所忽视的问题。读者提出问题，我回答问题，在此过程中，我得以加强自己的思考和学习，进一步丰富了教学理论和方法。

基于以上三点，我怎能不对读者满怀感恩之心呢？

看了我发在博客上的一封封回信，一位读者专门写了一首藏头诗赠我：

殷殷教导暖人心，亚圣大义践于行。敏学好问创四诀，贤德无私天下钦。

诗中的溢美之词，我愧不敢当，但还是让我受到鼓舞。

3. 好心是利他之心

讲话一定要心中有他人。什么叫"心中有他人"？就是心中时时考虑别人的感受，而不是心中只有自己。

● 利他之心：说话时有"您"无"我"

《福布斯》杂志上曾刊登过一篇总结成功人士说话技巧的文章，叫《良好人际关系的一剂药方》，文中指出交谈时最重要的五个字是："我以你为荣！"最重要的四个字是："您怎么看？"最重要的三个字是："麻烦您！"最重要的两个字是："谢谢！"最重要的一个字是"你"，谈话中最次要的一个字是什么呢？是"我"。

这五句话有个共同的特征：就是有"你"无"我"。五句话，不管字多字少，句句都想着对方，而唯独没有自己。

你看：

"我以你为荣！"——夸奖对方；

"您怎么看？"——征求对方意见，是虚心的话语；

"麻烦您！"——表达对对方的歉意；

"谢谢！"——对对方的感恩；

"你"——时时处处考虑对方的感受。

● 说话利己，让别人伤心流泪

我们来看下面这个例子中的"熟人"是利他之心还是利己之心。

儿子考上了大学，虽然是一所普通的大学，但是全家人依然感到很快乐很幸福，一点没有感到有什么遗憾的。父亲对儿子说："儿子，你比你爸和老妈都有出息。我只上了小学三年级，你妈也才小学毕业，你在我们家可就是状元了。"儿子羞涩地笑了，笑得很甜、很开心。全家人带着一种幸福和喜悦的心情，送儿子到车站上学去。

突然，有人拍了父亲的肩膀一下。他一看，原来是一个熟人，也来送儿子去上学。

熟人问："你儿子考上的是什么大学？"他刚说出校名，熟人脸上立刻露出鄙夷的表情，说："你儿子考的这是个什么大学？这个大学上了也白上，毕业根本找不到工作。我儿子可比你儿子强多了，他考的是名牌大学，毕业了，人家单位都抢着要，月薪最少8000块。"

熟人的脸上露出轻蔑的神色，说罢转身走了。他们望着熟人一家远去的背影，目光一下子暗淡下来。一家人刚才的幸福和甜蜜被熟人一番连珠炮似的话说得荡然无存，心从火热降到冰点。再看儿子，眼睛里也噙满了泪花。

这位熟人心中有谁？只有"我"，没有"你"。这是什么心？利己之心。当着朋友一家人的面，只顾炫耀自己的儿子，全然不顾对方儿子和家人的感受，自己开心，让别人难受。这就是典型的缺乏利他之心的例子。

如果是相同的人物、时间、地点，将对话换成这样如何？

父亲：你看你们家孩子多争气，考了个名牌大学，我们家孩子考了个三流大学，真是没面子。

熟人：可别这么说。名校有差学生，没名气的学校也出大人物。马云上的就不是名校，还不是做成了一番大事业！什么学校不重要，自己努力才是最重要的。

如果说出这番话，一定会让对方一家人十分高兴。这就是利他之心。

4. 好心是包容之心

什么是包容之心？就是包容对方的缺点、失误、不足。

缺乏包容之心，往往讲话尖酸刻薄，不会讲好话。为什么？因为雨果说过："尽可能少犯错误，这是人的准则；不犯错误，那是天使梦想。""金无足赤，人无完人"，每块黄金都有杂质，任何人都有缺点，这是客观存在的事实。如果没有包容之心，你就会对人求全责备。

有包容之心的人，自然就会原谅别人的缺点，善于看到别人的长处。我们中国人常讲：宰相肚里能撑船。下面讲个总统肚里能撑船的故事。

南非首任黑人总统曼德拉活到了 95 岁。为什么他能如此长寿？因为他有一颗常人没有的包容之心。

1994 年，曼德拉顺利当选为南非总统。一个叫格里高的人成天生活在不安之中，因为曼德拉是他曾看守了 27 年的要犯，而且在看守期间，他对曼德拉很不好。

格里高回想起自己对曼德拉的种种虐待，后悔莫及。曼德拉被关在锌皮房里，白天要去采石头，有时还要下到冰冷的海里捞海带，晚上被限制一切自由。

因为曼德拉是政治要犯，格里高和其他两位同事经常侮辱他，动不动用铁锹痛打他，甚至故意往他的饭里泼汨水，逼他吃下去。

到了5月，格里高和他的两位同事收到了曼德拉亲自签署的就职仪式邀请函，三人只能硬着头皮去参加。

在就职仪式上，曼德拉把格里高三人介绍给在场其他所有人，并与他们三人逐一拥抱。"我年轻时性子急脾气暴，在狱中，正是在他们三位的帮助下，我才学会了控制情绪……"曼德拉的一番话，让虐待了他27年的三人无地自容，更让在场的所有人肃然起敬。人群中爆发出经久不息的掌声。

仪式结束后，曼德拉再次走到格里高的身边，平静地说："在走出囚室，经过通往自由的监狱大门的那一刻，我已经清楚，如果自己不能把悲伤和怨恨留在身后，那么我其实仍在狱中。"

格里高不禁泪流满面。那一刻他终于明白，告别仇恨的最佳方式是宽恕。

曼德拉说的"我年轻时性子急脾气暴，在狱中，正是在他们三位的帮助下，我才学会了控制情绪……"这番话感动了整个世界。

为什么一番话能感动世界？因为从这番话中，我们感受到的是曼德拉博大的胸怀，他忘记了三位狱警在27年里对他的虐待，记住的是三位狱警对他的"帮助"。

● **秦怡对美的理解：不看、不说、不想人家的缺点**

著名电影演员秦怡今年93岁。她为什么会如此长寿？因为有包容之心。

在凤凰娱乐曾经主办的一次"时代经典之美"评选活动中，秦怡在"大气之美"评选中获得了很高的票数，90岁高龄仍然端庄美丽，风采不减当年，秦怡向凤凰娱乐记者阐述了自己对"美"的理解。

她认为美包括的东西很多，有人长得美，但性格的美更重要，"做人的态度非常重要，首先不要老去看人家的缺点，老去说人家怎么怎么不好，不想想自己是不是有不对的地方……"

● 季羡林教导儿子："他人犯错，常有己过。"

北大著名教授、"国宝"季羡林先生98岁辞世。他为什么能这么长寿？也是因为他有包容之心。

季羡林先生有一次受当地文联邀请，要去参加一个会议。临走前，他突然想起没有给君子兰浇水，于是便匆忙交代了阿姨。

可是，当他外出归来时，发现自己的君子兰已经枯死了。原来，阿姨浇完水后，看着天气晴好，便把君子兰搬到了太阳下，想让它晒晒太阳。可她不知道，君子兰最怕高温。季老看着枯萎的君子兰心痛不已，君子兰是他的最爱，而这盆君子兰是他精心照料、陪伴了他很长时间的一盆花。

看到季老难过，阿姨不知所措地站在一旁，满脸羞愧和尴尬。恰好季老的儿子季承前来探望，准备责备阿姨几句。没想到季老摆了摆手，笑着说："没事，没事，不怪阿姨。"说完还安慰了阿姨一番，才跟儿子进了屋。

进屋后，季老跟儿子说："我说这件事不怪阿姨不仅仅是为了安慰她，其实，确实不怪她，责任在我。"看到儿子一脸疑惑，季老接着说："我明明知道阿姨不懂得怎样照顾君子兰，可还是把这件事交给了她，你说这是不是我的错？"季承若有所思地点了点头。季老又说："孩子，你要记住，他人犯错，常有己过啊！"

"他人犯错，常有己过"，不仅反映出了季老的自知和内省，更彰显出了其宽广的胸怀和风度。

我们发现以上三位长者的共同特点是：忍人所不能忍，行人所不能行，能包容一切人，包容一切事，所以他们事业有成，人也长寿。

5. 好心是同理之心

什么是同理之心？就是站在对方的角度考虑问题，善于换位思考。

● 让男人做一回女人

我曾经看过这么一个让人捧腹的故事：

一个男人厌倦了自己每天出门工作而他老婆整天待在家里，他希望能让他老婆知道他每天是如何在外打拼的，于是祈求上帝："全能的主啊，我每天在外工作整整八小时，而我老婆每天只待在家里，太轻松了。我要让她知道我是怎么过的，求你让我和她的身体换一天吧，阿门。"

上帝满足了他的愿望。第二天一早，他变成了一个女人，醒来后起床洗漱，开始准备早点，叫醒老公和孩子们，给孩子穿上校服，喂他们吃早餐，给他们在书包里装好午餐，然后开车送他们去学校，回来的路上顺路去了银行，然后去超市采购，回到家，挑出需要干洗的衣物送到干洗店，另外缴清账单，结算支票本。

忙到晚上九点时，他已经撑不住了，但他接下来每天还要这么干，而且不能怨天尤人。

第二天一早，他一醒来就祈求上帝："主啊，我真不知道自己是怎么想的，我怎么会傻到嫉妒我老婆能成天待在家里？求你，哦，求求你，让我们换回来吧！"

上帝回答他："我的孩子，我想你已经吃到苦头了，我会很高兴让一切恢复原来的样子，但你不得不再等上九个月，因为，昨晚你怀孕了……"

当这个男人没有做女人的时候，对老婆充满了抱怨，你让他讲好话，他说不出口。而当他做了女人，体会到女人的艰辛时，抱怨没有了，心里只有对老婆的理解和感恩。

● 将心比心，先得"将身比身"

说白了，换位思考就是将心比心。而要将心比心，先得"将身比身"，设身处地地为他人着想。你不肯夸奖别人时，先想想，你听了好话是什么心情？别人夸你的时候，你是哭还是笑？是高兴还是难受？一设身处地，自然就会换位思考，欣然地讲好话了。

二、准确原则

夸奖人要夸到点子上。夸得准确，就能锦上添花；夸得不准确，就会成为狗尾续貂。

怎样夸才能夸到点子上呢？

1. 夸得不能太乱

夸奖他人让对方摸不着头脑，对方就没法回答。请看学生的夸奖作业。

例1，夸关系很铁的姐妹：

你总觉得应该是自己去保护姐妹，照顾姐妹，不让我们看到你最难过的时候，你总在姐妹委屈、伤心、难过时像蜘蛛侠、超人一样奋不顾身。你长得特别漂亮，俨然是明日之星……

先是夸对方仗义，后又夸对方漂亮，二者没有关联，让对方不知如何回答。

例2，夸表哥：

表哥，虽然你只比我大三岁，但你的思想内涵是我远远达不到的。为了梦想，你一个名校理工科高才生转去从事自己热爱的新闻工作。看看你房间里墙上亲手拍的在各地旅行的照片、电脑里的纪录片，或者刊登在媒体上的文章，听你说着身边的各种人和事、梦想和现实，总是有一种感动：这是一段不可被复制的青春。

这个夸奖就是内容太多，说了一堆话，你想半天也不知道她夸的重点是什么。

例3，对初入职场的学长的夸奖：

真正有潜力的人知道自己该干什么，为怎样的生活去工作，怎样规划好自己的目标，以及怎样排除一切干扰。跟你交流的过程中，自己明显感到一种动力，我分析了一下，是以前不曾有过的激动和冲劲。

点评：这段话，一没有观点，二没有事例，说了这么多，还是不知道在夸奖对方的什么优点。

2. 夸得不能太过

夸得不能太过，就是不能夸奖得太夸张，否则与事实不符。例如：

夸奖其貌不扬的女子：你真是太漂亮了！

夸奖口才不好的人：你有三寸不烂之舌！

夸奖普通话不标准的人：你的普通话讲得太标准了！

夸奖不会唱歌的人：你的歌声太好听了，简直是天籁之声！

夸奖没有什么能力的管理者：你的管理能力太强了！

这些话都夸过头了，只会适得其反。

3. 夸得不对心思

有些人常这样夸老大爷："你年轻时一定长得很帅！"

夸老大妈："你年轻时一定是个美女。"

在旁边听完，我心里就犯嘀咕：这样的夸奖不如不说，因为虽然也是夸奖人，但夸的是过去，弦外之音是：你过去帅，现在已经不帅了；你过去美，现在不美了。像这样达不到让对方开心的夸奖，就是夸不对心思，还是不说为好。

4. 怎样才能夸准确

那么，什么叫夸得准确呢？

一般来说，要对父母夸孩子，对长者夸年轻，对年轻人夸未来，对中年人夸事业，对优秀的人夸德行。下面重点举两个例子。

- **卡梅伦夸奖奥巴马女儿**

英国石油公司（BP）污染美国墨西哥湾事件发生后，英国首相卡梅伦急访美国，拜会了美国总统奥巴马。

卡梅伦表示参观了奥巴马白宫官邸后，奥巴马女儿整齐的房间给他留下了深刻的印象，他说以后他也要这样教他的孩子。奥巴马说，这其实不难。

卡梅伦在随后的记者会上说，美国总统能让他的小孩把房间整理得那么整齐，英国首相也不能落后。没等卡梅伦说完，奥巴马就插话说，你一定能够做到，很简单，只要给他们一些提示，如此而已。

卡梅伦赶紧请教要给些什么样的提示，奥巴马不慌不忙地说，你只要告诉她们，今天英国首相会来参观你们的房间。

他说完后，卡梅伦和现场记者笑得前仰后合。

这就是一个对着家长夸孩子的典型例子。奥巴马既是总统，也是一名普通的父亲，作为父亲，他最想听的话就是：教子有方。而卡梅伦夸奖奥巴马女儿的房间干净整洁，就等于在夸奖奥巴马对孩子教育得好，就是夸到了点子上。奥巴马很高兴，迫不及待地向卡梅伦传授教育孩子的经验。这个夸奖，比夸奖奥巴马口才好、长得玉树临风，效果要好得多，两人往下讨论棘手的英国石油公司（BP）污染墨西哥湾问题也顺利很多。

卡梅伦和奥巴马最终一致认为，英国石油公司应该负责止漏、清除油污及赔偿损失，但也应该让这家英国公司继续坚强而稳定地经营下去。

在愉悦的气氛中，卡梅伦达到了为英国公司游说的目的。

- **对年轻人夸未来**

我的一名学生毕业三年后，忽然给我发了一封邮件，咨询我一个问题：到了工作岗位后如何和领导相处。邮件中特别提到："三年前您给我发的那封邮件，我一直保留着，现在还时常翻看。"

我给他回复的邮件是这么写的：

明宇同学：

你好！我是殷老师。你的期末作业写得不错，我看了几遍。与其他同学的作业相比，你的作业给了我几点突出感受：

一、敏于行。老师讲过的内容马上在实践中运用。如学了孝，马上就回去给父亲过生日；学了好话，马上对同学、朋友讲好话等。

二、主动学习，自主学习。听了王石的故事，就课后搜集王石的资料；老师讲了南怀瑾，就去买南怀瑾的书。

三、对师长充满恭敬之心。相信老师讲的话。听教导是成长中非常重要的品质。因为你的作业非常有特色，老师情不自禁地写了这些话。继续坚持这些好品质，人生一定会取得更大的成功！

新春快乐！

殷亚敏

看完了这封信，读者一定明白为什么我的学生能将这封信保留三年了，就是因为我对学生的三点夸奖，以及对他未来的祝愿："人生一定会取得更大的成功！"

要想夸得准确，就要知己知彼。怎样知己知彼，我会在下一章里重点讲述。

三、纵比原则

讲好话要进行纵向比较，就是要拿对方的过去和现在比，发现优点，进行夸奖。

为什么有的人总是看不到对方的优点呢？因为他总进行横向比较，这样就会带来"两气"：生气、泄气。

为什么？下面一一说明。

1. 横向比较，看到的永远是缺点

比如当家长的，一看到别人家的孩子比自己孩子强就来气。经常听到有些当父母的这样说孩子：你看你怎么这么不爱读书呢？你看人家谁谁的孩子，怎么那么爱读书？

当老婆的，一看到别人的老公比自己老公强就来气。有些家庭主妇这样说：你看你怎么这么没用？你看人家老公，怎么那么会赚钱？

常言说：人比人得死，货比货得扔。为什么会"死"？因为总在进行横向比较，想不开，于是气急了，就想"死"。

而被批评的人明明有进步，却不被对方看到，老是挨批评，就会像泄了气的皮球，再也鼓不起劲来。

2. 纵向比较，让差学生成了物理学家

只有纵向比较，才能敏锐地发现优点，帮助孩子进步。

给读者出个思考题：面对一个物理考试考了8分的学生，我们会怎么做？批评还是表扬？面对一个考了28分的学生和一个考了90分的学生，我们会表扬哪一个？

美国有一位著名物理学家，上初中刚开始学物理时，物理成绩很差，只考了8分。物理老师找他谈话，让他好好学物理，他说他不喜欢，就是学不好。

老师很聪明，告诉这个学生，别的同学都是60分及格，你下次只要考到9分就算及格。学生一想，随便画个钩就能及格，很容易，于是答应了，结果下次考试考了28分。

28分还是不及格，老师仍然没有理由在全班面前表扬他，但老师很聪明，

让全班同学把上次的考试成绩和这次的成绩做一个减法，上次考了 90，这次还是 90，一减就是 0。像这样减，到最后，只有一个同学剩下了 20 分，就是这个同学。老师把所有同学两次考试的分数差写在黑板上，问了个问题："哪个同学进步最大？"全班同学异口同声地回答是这个同学，因为只有他一个人进步了 20 分。

这种鼓励方式很有效果，这个学生大为兴奋，想到无论自己考到 48 分还是 68 分，或者 88 分，都是全班进步最大的，有很大的进步空间。从此，这个孩子就喜欢上了物理，并最终成了全世界最伟大的物理学家之一。

如果横向比较，这位学生永远是班上最落后的学生，一位潜在的伟大物理学家就会被埋没。而这位老师的高明之处，就是进行了纵向比较，才激励出了一位伟大的物理学家。你看，纵向比较有多么重要。

每个孩子都是天才，就看你怎么看待他。纵向比较是一种大智慧，当老师的和当家长的，如果掌握了这种智慧，就会时时刻刻发现孩子的优点，及时进行鼓励和夸奖，把孩子培养成才。

四、平等原则

讲好话要平等，就是指夸奖要一视同仁，对所有的人都能讲好话，不厚此薄彼。

夸人厚此薄彼，会让人记恨一辈子。在影视巨星周润发身上发生的一件事充分说明了这一点。

有一天，一辆超豪华的劳斯莱斯轿车停在酒店门口，一位大腹便便的富商钻出来，傲慢地吩咐周润发把车洗洗。周润发从来没见过这么漂亮的车子，边洗边羡慕地摸摸这里摸摸那里。洗完之后，整辆车耀眼夺目，周润发更是喜爱至极。

身为男性，周润发也喜欢轿车，尤其是车里带着真皮套的黑色方向盘，让他的双手开始发痒。犹豫了一阵子之后，他的手终于忍不住伸向了车门。当然他并不是想偷车，而是希望能像小时候见到公园里的木马那样，坐一会儿过过瘾。

没想到车门刚拉开人还没进去，身后就猛然响起一声炸雷："干什么？"周润发转头一看，只见领班正对他怒目而视，冲他喊道："把车门关上，把你的脏手拿开，你这种人一辈子也坐不起劳斯莱斯！"

受此打击，周润发全身冰凉，义愤填膺。他的倔脾气上来了，但他硬是把它压了下去，暗暗发誓早晚有一天自己一定要出人头地，买一辆劳斯莱斯。很多年后，当周润发成为香港电影头号明星时，他一口气买了五辆轿车，其中就有一辆超豪华劳斯莱斯轿车。

他开车来到当年做服务生的那家酒店时，当年那个领班看到他后目瞪口呆。

人是会变化的。今天是普通人，明天可能就飞黄腾达了。

亚里士多德曾说："对上级谦逊是本分，对平辈谦逊是和善，对下级谦逊是高贵，对所有的人谦逊是安全。"

讲好话的平等原则要坚持"两平"：不分贵贱平等夸，不分亲疏平等夸。

1. 不分贵贱平等夸

我家买的西门子冰箱有毛病。一个电话，西门子的维修员冒着雨就来了。进门之前，先穿上鞋套，问好。我太太夸大公司的人员就是素质高，下着大雨，还是按时来了，收费又不高。

小伙子听了很高兴。本来60元的维修费，少收了20元，还说，你们这家人对我们这些打工的真好。西门子冰箱价格比较贵，能买得起的都是有钱有权的。有些人财大气粗，说话都不好听。你们是个例外。临走时，他再三说"谢谢"。

夸人坚持平等原则，让人深受感动，少收了20元维修费。

平等待人，自己会先受益。我们善待普通人，夸奖普通人，自己往往就是最大的受益者。

夸奖食堂打饭阿姨：

陈同学："阿姨，您给的饭分量真足，而且也非常好吃！"
阿姨："呵呵，是吗？欢迎你经常过来吃。"
陈同学："嗯，一定的！下次我带同学过来，他们也一定会觉得很好吃的。"
陈同学的感悟：夸奖不分职业，那些从事看似微不足道的工作的人也需要他人的鼓励和夸奖，我们要懂得感恩。

2. 不分亲疏平等夸

宋桂奇老师在《老师请别说这样的语言暴力》一文中讲了校园里的一件真事。

在这篇文章里，宋桂奇老师讲述，早自习开始五分钟后，张丰气喘吁吁赶到教室门口，李老师气不打一处来，问他睡得舒不舒服，为什么不再多睡会儿。张丰支支吾吾半天，说不出话来。李老师让他就在门口站着。

没过多久，英语课代表崔丽也姗姗来迟，但李老师一脸和蔼，问她怎么也迟到了。崔丽说昨晚她妈忘记上闹钟了。李老师让她以后注意点，然后让她进教室去上课。

面对如此明显的不公,张丰很难接受,问李老师自己可不可以进教室上课。李老师予以了拒绝,怪他没有交代迟到理由。张丰怒火中烧,说:"你给我机会了吗?我也忘记上闹钟了,可以了吧?"

李老师一听这话更来气了,斥责他学习一塌糊涂,脾气还大,并说今天就是不让他进去。张丰针锋相对,说就是要进去。接着两人开始拉扯起来,直到班主任赶来才把他们拉开。

这就是亲疏不平等的典型。李老师对成绩好的学生崔丽和和气气,对学习成绩差的张丰百般刁难,这样不平等待人,自然容易跟学生产生矛盾。

五、一致原则

讲好话,人前人后要态度一致,不能当面夸奖,背后贬低。

宋代大儒程颢有位门生叫许嵩,在程颢的门生中,许嵩对程颢是出了名的尊重:在程颢面前彬彬有礼、谨言慎行,宴席上坐在一起,每上一道菜,只要程颢不动筷子,即使其他人纷纷品尝,许嵩也绝对不会动一筷子。

范仲淹为此对程颢说:"对老师尊重的学生很多,但像许嵩这样尊重有加的,少之又少啊!"

程颢摇摇头说:"你看错了,许嵩对我的尊重只限于在我面前,即使不是装的,他心底对我的尊重也是不多的。"

程颢为什么这么说呢?因为有一次许嵩和文友聚会,在谈话时提及程颢时说:"程伯淳(程颢字伯淳)的'凡学之道'有值得商榷之处。"这话恰好被程颢听到了。程颢对范仲淹说:"许嵩能在他人面前直呼老师的名字,还背后议论我的学说,哪里还有尊重呢?"

许嵩之所以在背后说老师的坏话,肯定是自以为老师听不到,实际上是自欺欺人。常言说,没有不透风的墙,背后讲别人的坏话,迟早会被别人知道。

前后不一,只会适得其反。不光不能博得对方的好感,反而会招致对方的厌恶。所以,宁肯不讲好话,也不要当面说了好话,背后又说坏话。

也许有人会说:哪个背后不说人?哪个背后不被说?不错,这的确是常见的现象,但再往下深究,你有没有发现哪个说话做事前后不一的人的人缘好?

要想有好人缘,就得保持人前人后一致,即人前人后一样存好心,一样讲好话。

六、新意原则

夸人要夸出新意,就是说讲出别人没说过的好话。

1. 夸人有新意,拿到十万元订单

鞠远华老师在《五分钟打动人心》这本书中,讲过一件夸奖出新意而拿到订单的事。

韩小姐在一家大型企业给总裁担任秘书，她曾经分享过一件事，说有三个客人都跟她说要见她的领导，但前两个没有见着，因为不会说话，只有最后一位用恰当的赞美之词如愿以偿。

第一位客人说韩小姐的名字挺好的。韩小姐特想听听自己的名字好在哪里，结果那位客人不再说了，巴结韩小姐的态度也不真诚，令人失望。

第二位客人说韩小姐的衣服挺漂亮的。韩小姐立刻想听听自己的衣服哪里漂亮，结果对方也没有了下文，说话不到位。

第三位客人说韩小姐挺有个性。韩小姐想知道自己有什么样的个性。对方说，一般人手表戴在左手腕上，而她的手表戴在右手腕上。韩小姐一听，还真的觉得自己有点与众不同，很高兴，就让他见了老总，结果对方跟老总签了一张十万元的单子。

夸人右手戴手表，而且说出这是"有个性"的表现，这个夸奖，见人所未见，视角独特，让被夸的人耳目一新，自然乐于接受，乐意帮忙。

2. 主持有新意，出书得王石美言推荐

我曾经两次为万科董事长王石先生的讲座担任主持人。第一次主持，我自认为做得不理想，第二次，我下足了功夫，一定要讲出新意。

开场白我是这样讲的：

王石先生的名字可以说是家喻户晓，但大家有所不知，王石先生的名字起得好，跟他的人生经历丝丝入扣，"名"副其实：一是和他的职业密切相关。石头，是建筑材料，王石先生是做什么的？搞房地产，盖房子的，要用石头。

二是王石先生爱好登山，山上有什么？石头。世界上的七座高峰都被他登遍了。三是如石头般的意志，正是靠着像石头一样的恒心，王石先生经过14年的努力，将万科公司做成了全球最大的住宅建设公司。

然后我就将王石先生请到讲台上。

王石做过上百场讲座，主持人开场的介绍大多一样，说他专心做房地产，喜欢登山，不行贿，但很少有人用王石的名字将他的事迹串起来，所以他在台下一听，觉得有新意，也来了精神，一上台就说：刚才主持人夸了我的名字，我也来夸夸他的名字："殷亚敏，殷，殷商周，这是个大姓；亚，亚洲人，视野开阔；敏，才思敏捷，所以做主持人得了金话筒奖。"

王石兴致一来，上台先说了这么一番话，让我既感动又敬佩：一是王石待人恭敬，有感恩之心。觉得主持人夸了我，我也要投之以桃，报之以李。二是王石才思敏捷，听完介绍马上上台，就出口成章，对我的名字做了精彩的解释。三是王石记忆力好。上次做讲座前，别人向王石介绍我是第三届金话筒奖获得者，他就记住了，这次上台把我获得的奖项给亮了出来。

因为这次主持，我和王石先生结下了友谊。后来当我出版《21天掌握当众讲话诀窍》一书请他写推荐语时，他很痛快地答应了，为我写下了这样的句子：

"从小学到大学，公众演讲和表达一直是美国人重要的一课，近年以演讲风靡全球的戈尔和奥巴马就是此中精英。我们在这方面的落后，体现的是公民素质教育的整体落后，需要补课。殷亚敏先生是珠海电视台的金牌主持，他的专业和敬业给我印象深刻，读了本书，更感觉他是一位有功底、有创新的好老师。"

王石先生在推荐语中对我如此美言，让我对他充满感激。

这就是夸奖夸出新意带出来的一段佳话。

怎样夸出新意，我将在第七章里专门介绍。

七、"骨肉"原则

"骨",指夸奖的观点,"肉",指夸奖的事例,就是夸奖人要有观点、有事例。二者缺一不可,但很多人并未做到。

1."骨肉不全"的夸奖

在坚持"骨肉原则"时,常常会出现两个问题:一是有"骨"无"肉",二是有"肉"但不丰满。

- 有"骨"无"肉"

有"骨"无"肉",就是有观点无例子的夸奖。

家长夸孩子:"儿子你真棒!"哪里棒?没有具体说,孩子也不知道自己哪里棒。

我讲完课后,经常听到一些学员的夸奖:"老师,你的声音真好听!""老师,你特别亲切!""老师,你的课讲得太实用了!"

他们的观点讲得不错,我很想听听他们往下说出具体来的例子,可是没有下文了。

- 有"肉"但不丰满

有些夸奖虽有例子但不够具体丰满。

我在课堂上让学生夸奖本小组成员,大部分同学都是这样夸奖的:

徐冉:幽默风趣,成熟稳重,总会和别人说笑话,令周围充满欢乐。

唐迪:性格开朗,忠肝义胆,每当你不开心的时候,他都会在你的身边陪伴你。

　　温建武：诚实守信、敢于挑战，每当遇到困难的时候，他都会笑着跨过去。
　　胡梦岚：大方得体，优雅的气质让人眼前一亮。

　　应该说，这位同学的概括能力很强，对每位同学的优点都总结得很准确，但是举例子的时候显得太笼统。
　　"总会和别人说笑话，令周围充满欢乐。"什么笑话？没有。"每当你不开心的时候，他都会在你的身边陪伴你。"什么不开心的事？怎么陪伴？不具体。"每当遇到困难的时候，他都会笑着跨过去。"遇到什么困难？怎么笑？没有说。

2. 有"骨"有"肉"的夸奖

　　来看三个有"骨"有"肉"的夸奖的例子。

● 夸老师

　　老师，我觉得你对学员非常尊重。我注意到，每个学员上台演讲后，你都会鼓掌，而且是双手举到胸前鼓掌。

　　观点：老师尊重学生。
　　事例：老师双手举到胸前鼓掌。

● 夸孩子

　　昨天吃晚饭，儿子碗里有排骨，他把肉剔出来，放入我的碗中。我又把肉分成两份，和妻子一起分享。一块肉虽小，却体现了儿子的孝心和一家人分享的幸福。

观点：儿子有孝心。

事例：把肉剔出来，放入我的碗中。

- **夸清洁工**

有一名清洁工，在公司里默默无闻，一直都是被人忽视的角色，却在一天晚上公司保险箱被窃时，与小偷进行了殊死搏斗。事后，有人问他原因时，他说："老板从我身旁经过时，总会夸我扫得真干净！他说，我是一个负责任的人！"

这个老板的夸奖，"说我是个负责任的人"就是有"骨"，观点鲜明。"扫得真干净"就是有"肉"，是具体的例子。事例加观点，就让一个人的行为升华了。

八、恒夸原则

夸奖要恒夸，就是要有持之以恒夸奖对方的毅力，不要想夸一次就大功告成。

1. 教育专家：孩子的自信来自 1000 次的肯定

儿童心理教育专家李京：1000 次的外在肯定，才会变成孩子的自我肯定。有的父母十天都不表扬孩子一次，这样的父母真要改变一下了。

● **儿童教育专家李中莹和记者的问答**

记者：您研究亲子关系很多年，您认为亲子关系中最重要的部分是什么？

李中莹：最重要的是无条件的爱。有真爱的父母或者真正懂得表达爱的父母，会时时不忘投向孩子肯定的目光，而且没有任何附加条件。一个小孩子正是在这种肯定的目光中，才渐渐地发展出自信心，然后才能发展出自尊，再渐渐地发展出自爱。一个孩子的成长需要 5000 次以上的肯定。

事实上，不少父母并不知道如何肯定自己的孩子。肯定孩子也是一种亲子教育技巧，要多多练习：父母可以肯定孩子的情绪，或肯定孩子的动机；肯定孩子可以肯定的部分，或者从他的角度来做出肯定。

不管 1000 次，还是 5000 次，表达的是一个意思，就是一个孩子的成长需要父母持之以恒的夸奖。

2. 父母实践：持之以恒夸出了儿子的孝心

一个朋友对我说，他儿子的孝心就是持之以恒夸出来的。

儿子一岁多时，要吃奶，先给妈妈搬凳子，让妈妈坐下；两岁的时候，看到妈妈下班了，就站到凳子上，去给妈妈倒水喝，结果把水杯打碎了；妈妈一提奶奶，儿子马上捂住妈妈的嘴，不让说，因为奶奶刚去世，一提奶奶，爸爸会难过。这些故事，妈妈当着儿子的面，逢人就说，从小夸到大，夸奖儿子孝顺。正是这无数次的夸奖，结果儿子长大了，结婚了，有孩子了，还是一直很孝顺父母。

夸奖孩子一次没效果，十次没效果，不是夸奖的错，是你没有恒夸的错。做任何一件事情，都需要持之以恒，夸奖也是一样的道理。三天打鱼两天晒网，高兴了就夸两句，不高兴了就批一顿，没有恒心表扬孩子的家长，是无法让孩子健康成长的。

对孩子要恒夸，对成人也要恒夸。

陶思璇老师在《欣赏的神奇力量》一书中说，欣赏的第五个要素是最容易被忽略，也是最难完成的，这种要素是持续性。

当我们在一段时间里以欣赏的心态去看待同事、友人和家人时，是比较容易的。我们或多或少都会产生一些好奇心，然后去体验尝试。但一段时间之后，新鲜感开始退却，我们就会在不知不觉间，重新回到原来熟悉的抱怨状态中去，所有的努力全部白费！

这也是为什么很多人开始尝试欣赏，最终却功败垂成的根本原因：缺乏持续性。

九、三思原则

《论语》说："三思而后行。"我觉得，讲好话也需三思而后说。这条原则可以克服心直口快、讲话不过脑子的缺点。

1. 夸奖脱口出，伤人自烦恼

- 说错话，国画大师差点招来杀身之祸

国画大师张大千有一次因为说错了话，差点招致杀身之祸。张大千应邀到一个军阀家里做客，早就听说他养了一只名犬，一见到他就说："我早就想到您家里来拜访了！"

军阀以为张大千是心仪自己，得意地点头："不客气！"不料张大千居然补充了下一句："我是为了来看您家里这只名犬的！"

张大千讲完那句话心就凉了半截，匆忙告退出来，摸摸自己的脑袋还在不在。这次经历他想想都后怕，幸亏军阀当天情绪好，否则他的脑袋就搬家了。

讲话之前一定要三思而后说，先想想说了之后对方的感受，克制自己的性子，提高自我控制力和独立思考的能力。切记：你的一句话，即使不经意，也可能会伤及他人的自尊心！

● **夸甲伤乙，顾此失彼**

有位学员给我讲过他的一个没经过三思就开口夸人的例子。

有一次，他和几位朋友一起吃饭，其中三位广东朋友、一位湖南朋友、一位东北朋友。当聊到找哪里的媳妇最好时，大家一致认为广东潮汕地区的媳妇最好。聊到兴头上，这位学员说：东北女的太厉害，千万别找东北的媳妇。一说完，他就后悔了，因为王总是东北人，王总的媳妇也是东北人。王总的修养好，脸上没表现出不高兴，如果他是个较真的人，马上就会翻脸。

为这事，这位学员后悔了好几天。

说出去的话，覆水难收。尤其遇到人多时，夸谁不夸谁，更要想好了再说。没想好，宁肯不要说。

2. 三思而后夸，人人乐开花

一位好朋友对我很信任，交了一位女朋友，首先就带来给我看看。一见面，我觉得他们两个人长得都很端正，从外表看很般配；一聊天，发现女方是个大公司的高管。对这两位怎么夸才准确呢？说郎才女貌吧，好像没有把女方的才说进去。没想好，我就一直在斟酌。临散席的时候，我才想好怎么表达，于是说："你们两个是郎才女才、郎貌女貌，祝福你们！"

二人皆大欢喜。

掌握了讲好话的九条原则，就会讲好话了吗？还不够，还要掌握讲好话的具体方法。下一章专门谈谈讲好话的训练方法。

第七章 如何掌握讲好话的方法

批评不用学,张嘴就会;但夸奖要学,因为不是生来就会。

所以,需要学习夸奖的方法,掌握夸奖、找别人的优点的方法是一种本事。

一、讲好话，怎样学

1. 跟谁学

讲好话怎么学？一是先碰壁后自学，二是跟父母学，三是跟书本和老师学。

● 先碰壁后自学

大部分人都是年轻时血气方刚，心直口快，等自己得罪的人多了，碰壁碰多了，年龄慢慢大了，认识到这样做不行了，才开始慢慢悟，慢慢改。

著名作家刘墉说，虽然很多人赞美他口才好，但他从不这么认为，而且觉得自己年轻时总是说错话。即使到了现在，他每天晚上还是会想一想白天说的话，检讨一下，是不是有不妥当之处，或者有更好的说话方法。

我刚结婚时，也根本不懂讲好话，天天按自己的标准挑剔太太：你穿这件红衣服不好看，你怎么这么晚才回来，你炒的菜太咸了。

天天挑剔，只会增加夫妻之间的摩擦。摩擦多了，还以为是对方的问题，从来没有想过是自己的问题。后来，看了卡耐基的书，才慢慢地明白了问题所在。

● 跟父母学

那些看上去天生就善于与人沟通、讲好话的人，其实都是后天学的。跟谁学？跟父母学，在父母身边耳濡目染，不知不觉就学会了。

我在深圳大学一个班上做过一次调查，得出两大结论：大学生中会夸人的，

90%是跟父母学的；凡是不会夸人的，十有八九也是跟父母学的。

- **跟书本和老师学**

    跟书本学

    在《论语》中，有很多关于人际关系的教导。比如："己所不欲，勿施于人"（如果自己不喜欢或做不到，不要强加于别人）；"己欲立而立人，己欲达而达人。能近取譬，可谓仁之方也已"。（仁爱之人，自己决定对人建立仁爱之心，别人才会对你仁爱，自己决定对人豁达、宽容，别人才会对你豁达、宽容）。"弟子入则孝，出则悌，谨而信，泛爱众，而亲仁"（年轻人应该孝顺父母，尊敬师长，认真诚信，广施爱心，亲近仁人志士）"三人行，必有我师焉；择其善者而从之，其不善者而改之"（多人同行，其他人各具优缺点，是我学习和改正的对象，故都可以做我的老师）。

    中国传统经典中的这些教诲，时时刻刻都在哺育滋养着一代又一代中国人。美国著名人际关系学大师卡耐基1936年出版的《人性的弱点》一书，被奉为社交技巧的《圣经》，近80年来一直畅销不衰，迄今在当当网和亚马逊网上，仍然是在人际交往方面排名前五位的畅销书。为什么？因为需要从书本中学会沟通之道的读者很多。

    跟老师学

    现在社会上讲人际沟通的课程非常多，有名的老师也非常多，像余世维、曾仕强、陈安之、鞠远华、陶思璇这些老师，他们的课程都非常火爆，学习费用从几千元到几十万元不等。

2. 怎样学得快

同样是学习讲好话，为什么有的人学会了？有的人学不会？有的人学得快？有的人学得慢？

据我观察，区别就在"两行"：敏于行，恒于行。

● 敏于行

常言说，勤于思，敏于行。讲好话的训练，也要敏于行。贵在马上开始，然后再考虑方法。方法再多，不行动也没用。

我在一家美发店听到一个例子。

这家美发店为了鼓励员工读书，制定了个政策，只要员工买书，公司全部报销。遗憾的是，这么好的政策制定了一年，居然还没有一个员工去报销书费。一问员工，都是说等几天我就去买书。其实这都是不肯马上行动的托词，一等就忘了。

马上开始讲好话，你会发现，原来这并不像想象中那么困难。看看以下同学的作业：

韩同学：

人生最大的悲剧莫过于"子欲孝而亲不在"。相比张扬的西方人，含蓄的东方人从来都不善于用言语表达自己的感情。而"我爱你"三个字，有些人更是一辈子都难以对父母说出口。

殷老师的"父母之长"作业恰恰给了我们向父母表达爱的机会。我永远都不会忘记，我对爸爸说"老爸，我为你骄傲"时，爸爸那颤抖的声音；我永远都记得，我对妈妈说出"妈妈，我爱你"时，妈妈那湿润的眼角。

再次谢谢您，殷老师，给了我们这个机会，让我扭扭捏捏二十几年没有说出来的话，现在都敢对他们表达了。您让我们知道了大胆说出爱的重要性，让我们体会到了大胆说出爱的幸福感。

不张口咬梨子，你永远不知道梨子的滋味；不开口说出对父母的爱，你永远不知道父母的感动。

不敢行动，觉得夸人太难了，一行动才发现原来并没有想象中的困难。

张同学：

还记得有一次殷老师在课上让我们互相讲讲同学的优点，学习如何发现别人的优点和赞赏别人。这让我非常为难，因为一直以来我都认为自己是一个不会讲好话的人，更别说对一个陌生人了。

殷老师布置了夸三个人的作业，我只好硬着头皮去夸。然而，经过尝试，我发现似乎没有我想象中的那么难。当你真正用心去欣赏一个人，发掘一个人的优点时，你就会发现每个人身上都有他独特的魅力与长处。

• 恒于行

为什么要恒呢？因为讲好话是习惯，讲恶语也是习惯。改变习惯先要改变肌肉记忆。

什么叫肌肉记忆呢？比如弹钢琴，开始学习时，你是靠脑子记忆，手指头不听指挥，僵硬笨拙，要边想边弹，因为十根手指没有形成肌肉记忆。而通过反复的弹奏练习，最后，不用脑子想，手指就可以很流畅地弹奏曲子了。这时，就是你的手部肌肉已经形成正确的记忆了。

为了让学员理解什么叫肌肉记忆，我在上课时会做一个双手交叉练习。

第一次：请举起你的双手，十指交叉。

然后我问：右手大拇指在上面的请举手。结果 80% 的人都举了手，剩下的 20% 是左手大拇指在上的。

第二次：

现在反过来做一次。原来左手大拇指在上，改为右手大拇指在上；原来右手大拇指在上，改为左手大拇指在上。

做完了又问：这一次有什么感觉？

大家回答：不习惯，很别扭。

我说：第一次就叫肌肉记忆。你想都不用想，就很习惯地交叉了。第二次肌肉没记忆，就很不习惯。反过来做怎样才能习惯呢？通过反复练习，你的肌肉就会形成新的习惯。

做了这个练习，大家一下子就明白了什么叫肌肉记忆。

肌肉记忆，要靠反复练习形成。

我有个习惯，喜欢用右手摘眼镜。这样只在一边用力，长期下去，容易将眼镜腿掰断。太太看见了，马上批评我："你这副眼镜2000多块，这样摘，眼镜很快就会坏的，应该用两只手一起取。"

这一讲，道理我明白了。下决心要改。

但是接下来，从晚上到早上，又重复了五次错误的动作，每一次，我还是只用右手取下眼镜。取完了才想起来错了，下次又是右手取。太太也说："你怎么还是错啊？"

为什么？这就是习惯。虽然明白了道理，知道自己错了，但是习惯没改，下一次还会错。

为什么还会错？说到底，还是肌肉记忆惹的祸，因为脑子知道了这是错的，但手的记忆还没有改过来，所以还会错。——这说明，要改掉的是肌肉记忆。怎样改肌肉记忆？只有反复用正确方法练习。

（1）马上练习用双手摘眼镜的动作。（2）要反复练习。我马上进行了30次正确的双手练习。30分钟后，又反复练习了30次；30分钟后，又练习了30次。一共练习了三遍，共90次。一个半小时后，摘眼镜时，右手往眼镜上一搭，我就意识到错了，马上用两只手摘眼镜。这说明还是没巩固，我又练习了30次。十分钟后，再次摘眼镜时，就下意识地用双手摘了。

讲好话也是肌肉记忆。

语言是靠嘴部肌肉用力发出的，骂人的话、挖苦的话，也是靠唇舌的不同组合发出的。

骂人"笨蛋"，"笨"字，是双唇音，上下唇的肌肉要用力；"蛋"字，是舌尖中音，舌尖肌肉要用力。

讲好话："真棒！""真"，是卷舌音，舌头肌肉要卷起来，是肌肉动作，"棒"，是双唇音，是双唇的肌肉记忆。天天骂人，是肌肉记忆，是习惯；讲好话，也是肌肉记忆。肌肉记忆怎么改，靠反复训练！

通过训练，人人都可以改变。

实践出真知，关键看你肯不肯去实践，并持之以恒。

二、找优点，怎么练

对于讲好话的重要性，只是说教，无法让人行动起来。于是，我在教学实践中对学生进行了讲好话重要性的训练，效果明显。因为这一环节的主要目的是明理，明理才能行动，变原来的你要他夸为他主动去夸。

1. 认识到讲好话的重要性，需要练习

● 将心比心训练法

将心比心训练法是认识到讲好话重要性的训练方法。具体要求是：记录每次别人夸奖自己之后的心理感受、表情反应。

一天早上，我正在写清华总裁班讲课方案，太太坐在我旁边跟我说话，我嫌她打搅我，嘴上虽然没说，但心里希望她离开。这时候，太太说："老公的学习能力真强，都能到清华讲课了。"一听这话，我马上笑了，嘴上说"哪里哪里"，心里却很希望听到她继续夸。

这就是将心比心。原来希望太太不要打扰自己，可是她一夸奖我，我马上就希望她多说话。自己是这样的心理，别人又何尝不是呢？这样一想，你就会乐意去夸奖别人了。

有个朋友用将心比心法进行练习，总结出了自己希望被别人夸奖的地方：我天天做养生保健，最希望别人夸我显得年轻；我做事情有恒心，希望别人夸奖；我没读过正规大学，读电大出身，现在却教大学生，希望别人夸奖；女儿很孝顺，希望别人夸奖。

第一步，写完自己最希望家人、朋友夸奖的地方；第二步，再推己及人，写出家人最希望你夸奖的地方。

• 正反对比训练法

正反对比训练法，就是对同一个人，先骂他，再夸他，让他切身感受听好话的心理状态。

来看我在课堂上做的一个对比试验。

大学职场礼仪课，我做了个调查：平时你爱夸奖人吗？如果爱夸，为什么？如果不爱夸，为什么？

罗丹同学生病，来晚了。她的作业交上来，是这样写的："我平时不喜欢夸奖人，因为我觉得夸奖人有点虚伪。我觉得应该正视别人的缺点。当你直面说出对方的缺点，让他们再去改进，不是更好吗？"

我看了她的作业，觉得这个观点在大学生中有一定的代表性，灵机一动，马上做了个对比实验。

我大声说："罗丹，站起来，我今天要严厉地批评你。你是全班最后一个进教室的人，你是我见到的最差劲的学生，是全班最不守纪律的学生。"

她一听，愣了。班上的同学也愣了：从来没有看到殷老师发脾气，今天怎么了？

这时，我又马上转变了语气："今天我要特别表扬罗丹同学，她今天病了，还带病来上课。请大家把掌声送给她。"

她一听，又愣了："老师，这是什么意思啊？"

这时，我笑着说："老师是做个讲好话的对比实验。"大家恍然大悟。

我问："罗丹，你刚才是什么感觉？"

罗丹回答："你骂我的时候，我既委屈，又恨你；你表扬我的时候，我心里很舒服。"

我又问:"我夸奖你的时候,你觉得我虚伪吗?"

罗丹说:"没有。"

"是啊。你喜欢听表扬,不喜欢听批评,别人也是一样,所以要学会夸奖人。"

她说:"老师,我现在接受你的观点,要学会夸奖人。"

2. 讲好话发现别人的优点,需要练习

常言说,知彼知己,百战不殆。夸人也是如此:知彼知己,百夸不殆。如果不知彼,就夸不到点子上。

请看两段知己不知彼的夸人对话:

对话一

龄:薇薇,我知道你很喜欢体育运动,能告诉我你擅长哪些项目吗?

薇:有很多啊。例如跑步、打篮球、跳远,特别是游泳。我经常在我家院子里的游泳池里游泳。

龄:那有没有参加过什么比赛呢?

薇:有啊,初中时我们校队参加青少年篮球赛拿了冠军呢!

龄:是吗?看来你还真是个体育健儿呢!希望以后你能在体育方面取得更多成就!

薇:谢谢!

对话二

龄:文潇,我知道你原来是英语教育专业的,你的英语一定很好吧?

潇:还好,我在英语写作方面比较好。

龄：那我猜，你的英文应该可以跟中文媲美了。据我所知，你的中文水平也不低哦。

潇：还行吧，以前中文写作拿过奖。

龄：是吗？那你还真是个双语高手，以后当个兼职翻译也不错啊！

潇：这个还真没想过，或许可以试试吧。

这两次夸奖，都是事先不观察，临时抱佛脚，对话先问了两个问题，才发现别人的长处，别人就觉得你并不了解她。夸奖的效果就会打折扣。

著名主持人沈星说："一直以来，我都觉得自己反应较慢，偏偏朋友都觉得我有急智。其实，我只是准备工作做在前边而已。夸人时，先摸底再观察、筛选、集中，最后确定，找到攻克点后，再在脑子里组织语言，琢磨该用怎样的神情和语气。就像做菜，找好材料，细细分解，搭配作料，选择火候，准时起锅，及时端上。花了心思的菜，人家吃得出来，花了心思的夸奖，人家也能听得出来。"

夸奖前怎样进行摸底观察呢？

根据对象不同，找长处的方法也不同。一共有几个找长处的方法和大家分享：

- **一是怎样了解重点沟通对象的特点：一搜，二比，三背诵**

什么是重点沟通对象？领导、重要客户、重要客人、重要采访对象、面试官等，都属于重点沟通对象。

一搜，就是先上网查清楚沟通对象的资料。

我有个做企业培训的朋友，为了拓展房地产公司的培训业务，经熟人介绍，准备去拜访深圳一家有名的房地产公司的负责人。他事先专门在网上查了这家公司的情况。

在拜访这家公司时，他对老总说："你们公司的产品定位有创意，很好记，像汉京山这个楼盘的广告语'蛇口沃尔玛，公园复式山'，看一遍我马上就记住了。"

公司老总一听大为惊奇："你对我们公司这么熟悉？"

接下来老总就兴致勃勃回顾了这个项目定位的情况："'汉京山'这个名字是我们当时做汉京山项目时一个精神探索后的成果，人心中都有一座山，要不断地攀越山峰，我说这不就是汉京山的思路吗？当时我在汉拿山餐厅吃了一顿饭——汉拿山，我觉得那个调子很符合我们的感觉，后来就形成了汉京山。最难的还是那句定位语'蛇口沃尔玛，公园复式山'，它处在蛇口，又毗邻沃尔玛，下面有一个公园，旁边有一座大南山，而且我们是复式，'复式山'跟日本的富士山呼应。这个案名和项目的气质相符，大家很有感觉。"

结果，接下来谈合作的事非常顺利，我的朋友拿到了培训的合同，公司老板又将他介绍到朋友的公司去讲课。

我是从2002年开始使用网上资料了解人的。那一年在杭州参加金话筒颁奖论坛，听到一位叫靳志伟的嘉宾演讲，点评了当年获奖金话筒作品，点评得非常到位。我就很想结识他，向他学习。

那时手机还无法上网，为了能够顺利认识他，我马上回房间上网，查到了他的资料。他当时担任旅游卫视总编辑，又是金话筒奖评委会的专家组组长，并且刚刚获得华语传媒大奖。

查完之后，我胸有成竹，又回到会场，等他讲完之后，我马上上前跟他交谈，特意祝贺他荣获传媒大奖。他一听我对他的了解，很惊奇，马上对我产生了好感。通过这次交谈，我们成了朋友。

上网搜资料，也为我的学生刘静考取香港理工大学研究生帮了大忙。

她对我说，她参加的那场面试接近尾声的时候，考官会将提问权反抛给他们，就是给面试者一个机会提问。这通常是一个将自己的能力与别的面试者区分开的最后机会，也最容易被忽视。很多人会简单地问"录取结果什么时候出，录取机会大不大"之类的问题。

考虑到面试官就是本课程的首席导师，她事先反复看了学校官网关于这个专业的信息，搜集了往届学生对这个专业的良好评价，所以在提问时胸有成竹。

她首先肯定了这个专业在过去十几年取得的成就，以及学生的良好反映，然后才提出自己关于教学模式转变的一个问题。一听她的夸奖，主考官既高兴又惊讶，没想到她对这个专业的成绩了解这么多，接着便十分热心详细地为她解答问题，并在最后表达了对她如此关注这一专业的感谢。

一周之后，她收到了香港理工大学的正式录取通知书，喜悦之情自不必说。

上网搜资料，又可以分为快搜和慢搜。

慢搜是指到电脑上搜集资料；快搜是指用手机上网搜集资料，因为随着3G、4G的普及，手机上网速度加快，随时随地可以搜集重点沟通对象的资料。

二比：对搜到的资料进行比较、提炼。

夸奖对方的品质，要经过深思熟虑。怎样叫深思熟虑？就是去粗取精，把几个优点进行比较、提炼，把对方最在意的点找出来。

来看一个我为于丹做主持的例子。

于丹应珠海文化大讲堂的邀请，做一场关于如何学习中国经典的讲座。我当时担任主持人，在三分钟的开场白中怎样介绍于丹呢？当时于丹刚在《百家讲坛》讲完《论语》，迅速在全国走红，赞扬于丹的话都被报刊媒体说过了，再说同样的话，于丹不会感到新鲜。

怎样讲出新意呢？我花了一天的时间进行准备，先在网上搜集于丹的资料，然后进行对比，最后选用了一份旁人没有用过的资料，就是于丹在四五岁的时候，她父亲教她读《论语》的故事。

我当时是这么说的：

问渠哪得清如许，为有源头活水来。于丹为什么对中国古代经典有这么高的造诣，又能够如此深入浅出地表达呢？这是因为她从小在父亲的教导下有读经典的"童子功"。这个源头在哪里？在于丹父亲那里。

于丹四五岁时，她父亲带她出去见自己的朋友。出门前对她说，《论语》中孔子说"三人行，必有我师焉"，你出去以后，就看看爸爸的这些朋友中有哪些人可以做你的老师。然后于丹跟着他出去了，结果她观察以后看到有的人嗓门太大，有的人总是抢着说话，有的人还随地乱扔东西、乱吐痰。

她回来对父亲说:"爸爸,你说'三人行,必有我师',我看他们都不是我的老师,有的随地吐痰,有的大声说话。"

这时,她父亲又说,《论语》中还有一句话叫"见贤思齐焉,见不贤而内自省也",你看到他们不好的行为,自己就不要去模仿,不去做那些看起来很不好的事情。

你看,于丹的父亲让她读《论语》,不是读死书,而是读活书,在生活中教给她怎样学经典、用经典。

我拿这个故事做开场,观众爱听,于丹也很高兴。在当天的讲座中,她还专门谈到,主持人刚刚讲了我父亲教我学《论语》的故事,我小时候的确就是因为受到这样的教育才学习《论语》的。

为什么没有夸于丹,于丹反而更高兴?因为我在主持名人讲座中,发现了一个规律,那就是名人对夸奖他们本人司空见惯,不觉得稀奇,但一夸奖他们的父母、家族,他们都特别高兴,为什么呢?因为:第一,说明主持人搜集资料很到位;第二,名人大多有以自己的家世为傲的心理。

三背诵:关键的数字、人名要背下来。

2013年9月,我在深圳清华大学研究院主持了外交部原部长李肇星的讲座。在开场白中,我背了一次资料。

外交部原部长李肇星既是个杰出的外交家,也是个出色的诗人。为了让观众了解他作为诗人的一面,也为了以诗歌反映他的多才多艺,我特意找到他的一首小诗,并背了下来。这首诗是他写给他在美国读书的儿子禾禾的。

别忘了你是谁
你是朋友的朋友
你是亲人的亲人
你是祖国的儿子
这是一切的根

诗虽然不长，但要背下来，达到脱口而出的程度，也不是一件容易的事。我决意下足功夫做好准备，经过半天的反复背诵，我终于记了下来，成竹在胸。在主持时，我把这首诗声情并茂地朗诵了出来，一时间全场爆发出热烈的掌声，李肇星先生也很高兴，开场先对我表示感谢。

● 二是怎样了解普通人的优点

名人的资料，可以从网上查出来，可是普通人的资料，网上就找不到了。那怎么办呢？

（1）目要明

通过眼睛去观察对方的长处、优点，一要用眼看。这就需要平时培养自己用眼睛观察别人长处的习惯。

一个叫凯瑟琳的化妆品推销员在一家服装店，听到旁边有两个女孩在说话，一个金发，一个黑发。金发女孩买了一件新衣服，穿上身很好看，黑发女孩称赞道："刚才你放下的那件衣服，扣子挺漂亮的。"金发女孩一听这话就不高兴了，说："那是什么破衣服？扣子难看死了，看看这个。"

凯瑟琳就对金发女孩说："这件衣服的领子很漂亮，衬得你的脖子像高贵的公主一样有气质，要是再配上一条项链，那就更完美了。"金发女孩听了很高兴，因为她也是同样的想法。她骂黑发女孩没眼光，黑发女孩听了不服气，说："我也是这么觉得的，只不过没说出来罢了。"

凯瑟琳夸完了金发女孩，转身对黑发女孩说："其实你可以试一下这件，它特别能衬托出你优美的身材。"一听这话，黑发女孩也变得高兴起来。

凯瑟琳继续说："当然，要是你们脸上的肤色再稍微护理一下，就会显得气质更加优雅。"

三人就此开始大聊特聊美容化妆的话题。后来，金发女孩和黑发女孩都成了她的忠实顾客，让她赚得盆满钵满。

黑发女孩夸金发女孩之前试过的那件衣服的扣子很漂亮，为什么遭到金发女孩子的奚落？因为她不善于观察，没有看到对方最自豪的地方在哪儿。凯瑟琳夸奖金发女孩的脖子高贵漂亮，为什么让对方很高兴？因为凯瑟琳的眼光敏锐，一眼就看到了金发女孩最自豪的地方：脖子。

有一次，我去拜访一个富二代客户张总，面对面坐着谈话。他将公司的资料递给我看。我因为眼睛老花，就摘下眼睛，一手拿着资料，一手拿着眼镜，张总看到后，马上接过我手中的眼镜放在了茶几上。

过了一会儿，他又提出跟我换座位："你坐的位置背光，看资料不清晰，来，咱们换个座位。"我听了大为感动，夸奖他："张总年纪轻轻做老板，没有一点傲慢之气，这么会关心人！"

张总说："哪里哪里，我这人做不了大事，就这点小长处。"

虽然他嘴上这么说，但我相信他心里一定很高兴，接下来我们谈得很融洽。后来，我接到了请我去讲课的邀请。

帮我拿眼镜、换座位，这是两件小事，如果你不去留心观察，很可能就发现不了。而我之所以看到了这两件事，就是因为我细心观察，看在眼里，夸在嘴上，迅速拉近了和对方的距离。

眼睛是心灵的窗户，眼睛敏锐观察，贵在用心。我的一位学生学了眼观法，用心练习，受益良多。

善于观身材

周同学：阿良，那么久不见，肌肉健硕了好多哦，是不是每天都在锻炼啊？我看都快比得上健身房的那些教练了。

阿良：呵呵，没有，就是天天打打球，锻炼一下而已。你的肚腩也收了好多，减肥成功了？我记得你曾说过要狠心减肥，祝贺你成功了！

周同学的感悟：见面互相称赞，提起前事能瞬间拉近彼此的距离，消除长时间没见面的陌生感。

善于观气色

我：奥托（室友别名），最近面色很不错哦，春光满面,整天笑眯眯的,交女朋友了？

室友：没有啊，就是老爸给加了点零花钱，能多买点东西。你也不错啊,这几天都睡得香吃得好,考试考好了吧？走啊,我请你吃饭去！

我的感悟：自己能够比较敏锐地发现室友的变化，再适当地夸奖,就能增进彼此的感情。

蔡康永的东张西望夸奖法

蔡康永的"东张西望法"也是深得眼观之妙。

对方桌上相框或者电脑的桌面展示着什么样的照片，通常是最明确的线索：如果放着他和高官巨贾的合照，那你可以赞美他的人脉之广,什么都搞得定；如果照片是他和他的子女,那你自然应该问候他的宝贝子女们安好,并且盛赞他家的公子、千金看起来很优秀、很聪明之类。

东张西望就能看到的东西，当然就是对方愿意让别人看到的东西，可能也是他渴望被人提到或问起的东西。要是见不得人的东西，像情趣用品或赃款赃物之类的，请放心,对方绝对会藏得好好的。

"东张西望"的对象，除了蔡康永讲的办公桌上和电脑桌面外，还应该加一个手机屏幕。

我发现，凡是放在手机桌面上的照片，一定是机主最希望别人关注的。放了孩子照片的，一定是希望你看到他的孩子天真可爱；放了一家人合照的,一定是希望你看到他家庭和睦；放了一张小狗照片的，一定是希望你看到他们家的爱犬讨人喜欢；放了自己拍的风光照的，一定是希望你看到他拍的美景！

（2）耳要聪

耳要聪，就是说要用灵敏的耳朵去听对方的长处、优点,做出准确的判断。

俗话说，听话听声，锣鼓听音。主持人沈星就是个听话会听音的人。

好比吴小莉，或许因为被太多的陈词滥调赞美过，她对顺耳的好话产生了免疫力，清一色模式化地回一声：谢谢。

我不信她没痒处。听她闲聊，张口闭口就是我家女儿如何。我装作无意中跟她说：都说你的面相是福相，可我看你女儿更有福相。

被我踩了一脚，吴小莉反倒喜上眉梢，说："真的吗？哎，有人说我家女儿脸大，不漂亮。漂亮有什么用？有福气才最重要嘛。"

别出心裁的先抑后扬，使小莉母性大发，也对我好感倍增。不久，我做了一罐醉虾带去跟同事分享，很少凑这种热闹的小莉特别积极，用纸巾托着吃了几只，大赞好味，还拜托我多做一罐给她带回家。

沈星夸吴小莉为什么能夸到位？就是靠用耳朵听。看起来是在闲聊，实际上有心的沈星却竖着耳朵在听。听到了吴小莉常常把女儿挂在嘴上，从而判断出吴小莉对女儿的喜爱，所以夸奖时使用了抑母扬女的夸奖法，收到了很好的效果。

我有位当领导的朋友曾经对我说过一件事，让我记忆犹新。他说有一次他和他们单位的二把手聊天，他夸奖对方："怎样做二把手，你做出了榜样，我从你身上学到了很多。一是敢讲真话，该发表意见时大胆讲，不顾情面；二是形成决议后，坚决执行，带头执行，维护一把手的权威。"

这位二把手平时不太喜形于色，但一听这个话题，马上眉开眼笑："你真是知音啊！这么多年我还真是这么想这么做的。该讲话时，我是毫无保留的，定下来的事，执行起来，我是毫不含糊的。"

我这位朋友的夸奖为什么能夸准？就是靠平时仔细听。每次开会的时候，他都特别留意听这位领导的发言，发现了他的这个优点。找个合适的机会就讲出来了。

《礼记·大学》中说："心不在焉，视而不见，听而不闻，食而不知其味。"为什么有些人眼睛看到了，却看不到对方的长处？耳朵听到了，却听不到对方的长处？说到底，是心不在焉。只要用心、专心，自然就能听到、看到对方的长处。

（3）口要问

口问分为两问：问忙，问因。

先说问忙。就是见面先问"最近在忙什么呢？"问明情况之后再有针对性地进行夸奖。

问忙，主要适用于两种情况：一是熟人，原来就认识；二是多日不见，不了解近况。

前几天，我在校园里遇到了曾教过的一个学生。半年没见，不知从何夸起，我就先问："最近在忙什么呢？"

他回答："最近刚刚考上了金融学的双学位。很难考，全校报了200名，只招30人，我总算被录取了。"

我一听，马上有夸的了，就开腔说道："好！你这就是'人一之，我十之'。今天多付出，明天一定多收获，老师看好你！"

为什么要先问"最近在忙什么"，因为问这句话有两个好处：

一是能夸出新意。因为我在给他们班上课时，这位同学给我的印象很好：形象好，声音好，做事认真，有恭敬心，这些优点过去都夸过，现在见面，就不能再夸这些夸过的优点，而要夸出新意来。新意从何而来？就是毛主席说的"没有调查就没有发言权"。这一问，就是很好的调查研究。

二是有的放矢。我发现，一问对方最近忙什么，对方一般都会将近期最骄傲的事情说出来。这位同学讲的"考上了金融学的双学位"，就是他近期最自豪的事。而对方认为最自豪的事，也就是他最想被对方夸奖的事。所以通过这一句问话，就很容易了解到对方最得意的事情，有的放矢地进行夸奖。

"二战"期间，美国的奥马尔·纳尔逊·布拉德利将军奉命执行一次危险、紧急的任务。他召集手下将士，让他们排成长列。

"这次，我们的任务既艰巨又危险！"布拉德利瞭了大家一眼，"哪位愿意冒险承担这项任务，请向前走两步……"

此时，恰好一位参谋递给他一份最新的战报，布拉德利和参谋交流了片刻。等他处理完战报，再次面对行列中的众将士时，发现长长的队伍仍是一条直线，没有一个人比旁边的人多向前两步。

他很恼怒，说："养兵千日，用兵一时，现在情况紧急，竟然一个人都没有……"

"报告司令！"只见站在最前排的人满脸委屈地说道，"我们每个人都向前迈了两步……"

这时，布拉德利将军意识到自己错怪了这队勇敢的士兵。

布拉德利将军为什么冤枉了他的士兵？就是因为他没有去问明原因。如果他在批评前先问一下原因，就可以避免这场误会。

● **三是使用注意力训练法**

注意力是指什么？指人的心理活动指向和集中于某种事物的能力。你把精力指向和集中于他人的优点上，就能看到对方的优点；你把注意力集中在他人的缺点上，就只能看到对方的缺点。

一位科学家交给人们一份报纸，请他们数一数这份报纸上有多少张照片。人们觉得这个任务很容易，花了两分钟去仔细数报纸上的照片，还有人数过之后再核对一遍看有没有错。事实上，在报纸的第二页上有一行很大的字："不要数了，这份报纸上有43张照片。"等他们看到这句话时，才发现自己做了无用功。

43张照片的结论就在报纸上，为什么却很少有人看到它，还要去慢慢地寻找？因为他们的注意力被"请他们数一数这份报纸上有多少张照片"这句话误导了。他们太专注于一张一张地数照片，而忽略了从报纸每一页中去寻找结论。如果科学家说计算了一共有多少张照片的结论性数字隐藏在报纸某一页中，人们的注意力就不会集中在数一张张照片上，而是集中在一页页翻报纸上。

可见，你注意什么，就只能看到什么。如果把这个规律推而广之，你去找别人的优点，就一定能发现别人的优点；你去找别人的缺点，就一定能找到别人的缺点。

上面只是个小实验，看错了还可以改正，可是生活中如果注意力集中错了地方，往往会覆水难收。

婚后睁大一只眼找优点，闭上一只眼看缺点

来看《演讲与口才》上一位妻子把注意力放在丈夫的缺点上导致离婚的一个例子：

小张工作繁忙，因为平时很少陪妻子小敏，所以答应在小敏生日那天好好弥补她一下。不巧的是，生日那天，小张刚好有重要事情忙，因此回家晚了。

刚进家门，小敏"啪"一下把小张的礼物打在了地上，哭着说："你口口声声说你工作忙，好，我理解。但这次，是你自己提出来给我好好弥补生日的，结果呢？你说，一年当中重要的日子有几个？这么重要的日子你都这么对我，其他时候你又会怎样呢？你到底有没有尊重过我？你把我摆在什么位置？我们结婚才一年，你就这么对我，再过两年你是不是就不要这个家了？"

想到自己辛辛苦苦地为了家而奋斗，却受到如此责难，小张备感心寒。

如果小敏把注意力放在丈夫带回的礼物上，就会很高兴，而不会吵架。但小敏把注意力放在丈夫回来晚这件事上，对丈夫带回的礼物不予重视，于是发生了争吵，丈夫在为家庭操劳之余备感寒心。

有位网友说得好："离婚前，看着对方都是缺点；离婚了，突然发现，他还有很多优点，还是真心爱我的。"可惜，等到离婚了再说这句话就有点晚了。如果在婚后就注意找对方的优点，就不会那么容易离婚了。

怎样才能在婚姻问题上不吃后悔药呢？正如那句俗话所说："结婚之前瞪大眼，结婚之后睁只眼闭只眼。"具体说来，睁哪只眼，闭那只眼呢？答案是：

睁大发现对方优点的那只眼，闭上盯着对方缺点的那只眼。

一天早上，太太忙了一大通，把早餐端上了饭桌，有蒸南瓜，有西红柿鸡蛋炒木耳，有牛肉，有生菜，有米饭，有馒头。我尝了一口，青菜吵得有点咸了。如果只考虑到菜咸，就会马上埋怨：怎么搞的？你做了这么多年的菜，连咸甜都掌握不好？结果，太太一定会不高兴，很委屈。严重点，两个人还会吵架，以后不要指望她给你做饭了。

如果睁大找优点，就会发现：哇，今天这么丰盛，红黄黑白绿全都有，营养好全面啊。太太精心调配安排的早餐，被你睁着的那只眼看到了，夸出来了，她就会很高兴，很开心，以后做饭会更用心，更有兴趣。

菜太咸，不用讲，她也能吃出来，下次自然会改。这样，两人就是在开心当中吃了一餐饭。这就叫睁一只眼，闭一只眼。

注意力训练法要注意三个步骤：一是天天看，二是天天写，三是天天读出声。

我有个朋友，把家里的一棵圣诞树变成了一棵表扬树。一家三口，先生当医生，妻子做外贸，儿子读小学，以举手表决的方式，定了个规矩，每人每天把自己发现对方的优点写出来，挂在树上，并在晚餐时读出来。这么坚持了一年之后，全家的气氛越来越好，人人都充满了正能量。

三、九种诀窍，助你练习讲好话

1. 循序渐进法

学会讲好话，也不要想一口吃个胖子，而要循序渐进，分段练习。

• 马拉松选手获得冠军的秘诀

在某次国际马拉松邀请赛中,一个名不见经传的选手出人意料地夺得了冠军。当记者问他凭什么取得如此惊人的成绩时,他说了这么一句话:凭智慧战胜对手。

大家对他所谓的"智慧"都有些迷惑不解。十年后,他在自己的自传中道出了这个"智慧"的真相:"每次比赛之前,我都要乘车把比赛的线路仔细地看一遍,并把沿途比较醒目的标志画下来。比如,第一个标志是银行,第二个标志是一棵大树,第三个标志是一座红房子……这样一直画到赛程的终点。比赛开始后,我就以百米赛跑的速度奋力地向第一个目标冲去,等到达第一个目标后,我又以同样的速度向第二个目标冲去。40多千米的赛程,就被我分解成这么几个小目标轻松地跑完了。起初,我并不懂这样的道理,我把我的目标定在40多千米外终点线的那面旗帜上,结果我跑到十几千米时就疲惫不堪了,因为我被前面那段遥远的路程给吓倒了。"

第一个标志,第二个标志,第三个标志……正是这种循序渐进的态度帮助这位选手获得了冠军。

学习讲好话也是如此,如果一开始就想讲得舌灿莲花,并不现实,一定要循序渐进。

为什么要循序渐进呢?原因有二:一是可以缓解紧张情绪,让自己放松;二是夸奖别人后可以得到积极反馈,增强信心。

• 从家人、熟人开始讲好话

循序渐进从哪里开始呢?先从"两人"开始:一是家人,二是熟人。

为什么夸奖先从家人、熟人开始呢?因为在这些人面前没有压力,即使夸错了,也不会被嘲笑。

来看看林同学是怎样在循序渐进中成长的:

第一次,夸自己的男朋友,挖空心思也想不出夸哪里,终于编出来一句,还被男朋友说"好假"。

地点：餐厅

人物：男朋友

我：我现在才发现你的鼻子那么好看！好挺！

男朋友：之前怎么没发现呢？

我：哦，因为之前我完全被你的内在吸引了啊，现在才有空儿观察你到底长得好不好。

男朋友：你好假，是为了完成作业吧？

第二次，不假了，可是用词不准确，把对方吓了一跳。

地点：KTV

人物：音乐表演班的好友

我：你是不是从小就特别有天赋，才唱得这么让人起鸡皮疙瘩？

好友：是很吓人的意思吗？

我：是震撼！

好友：嘻嘻……

一回生，二回熟，三回可以做师傅。到了第三次，就能夸到点子上了。

地点：舅舅家

人物：舅妈

我：舅妈，你穿这件衣服特别有气质，别人穿肯定穿不出这个味道！

舅妈：真的吗？我也觉得这衣服挺符合我的气质，呵呵。

2."一简二活"训练法

"一简二活"训练法,就是夸奖人有观点、有事例的训练方法。"一简",就是先用两三个字说出优点;"二活",就是紧接着举出鲜活的例子。

在实际运用中,"一简二活"训练法有三种方式:一是"一简二活"你全说,二是你"一简"他"二活",三是他"一简"你"二活"。

● "一简二活"你全说

"一简二活"你全说,就是观点和例子,全由你一个人说。

有一次,参加一个金话筒主持人的联欢晚会,我在会上朗诵了《我骄傲,我是中国人》,下来后,一位同行对我说:"你朗诵的声音真好!尤其是高音特别干净。"

说我声音好,是"一简";说我高音干净,是"二活"。听了这话,我特感激这位同行,说明他看演出时非常用心,夸我时才有观点、有例子。

我应邀到一家信息工程监理公司做培训,在跟负责对接的刘勇经理的接触过程中,我对他的印象很深刻。讲课结束之后告别时,我握着他的手说:"刘经理,你的敬业精神让我很敬佩!讲课前一天晚上十点钟,你专门到酒店和我一起撰写有针对性的演讲稿件,还提前给100名学员做了分组,将小组名单都贴到座椅上。"

后来,他专门给我发短信,说以后会多向同行推荐我的课程。

这也是"一简二活"你全说的体现。"敬业精神",是"一简",后面举的两个例子,就是"二活"。我这样夸奖刘经理,让他感受到了我的真诚和细心,所以后来他特地给我发短信,以表谢意。

● 你"一简"他"二活"

你"一简"他"二活",就是你讲出对方的优点,对方自己补充事例。这个方法,主要是在夸奖健谈者时运用。

我跟一位远房亲戚聊天，夸奖她们姊妹五人关系好。她马上来了兴致，滔滔不绝地谈具体的事情，说她老公住院，大妹妹和妹夫都请假过来照顾；说大弟弟和小弟弟房子买在一起，住对门，妈妈虽跟着小弟弟住，却可以看到两个儿子等，话匣子一下子就打开了，于是我就微笑着静听。

运用你"一简"他"二活"法的前提是，你要有敏锐的观察力和概括能力。我一说观点——姊妹关系好，对方马上滔滔不绝举例子，这就说明我留心观察了，并且概括得比较准确。

● 他"一简"你"二活"

他"一简"你"二活"，就是对方说了观点，你马上补充例子。

比如我和朋友一家人在餐桌上的对话：

孩子的母亲：我这女儿很勤快。

我：是啊！你看刚才，这孩子三次主动给我们倒茶水。

又如太太一大早起床，用面包机做面包，早餐时端上桌，我吃了之后，太太问我："怎么样，这面包好吃吧？"我说："真好吃，里边的花生、核桃、葡萄干特别多，嚼起来非常香，比面包店里的好吃多了。"

像上面两个例子，如果对方说完，我不说话，举不出例子，那就会让对方很尴尬。

3."双一"训练法

"双一"训练法，就是把对对方的第一印象在第一时间讲出来。

下面这些话，都是第一印象：

你的笑容真好，一看就特有人缘；

你的声音真好听；

你的皮肤真好；

你的身材真好；

你这套西装真合身；

你的气质真好；

你是江浙一带的人吧？

• 为什么夸第一印象

一准，第一印象是直觉，新鲜、准确。二深，开场第一句话给对方印象最深。三具体，不会说空话。

• 为什么在第一时间夸

第一，能迅速营造和谐的谈话氛围。如果不以夸奖开场，双方的交谈可能很冷淡，或者对方根本不想跟你交谈，而一夸奖，对方马上就有了和你交谈的欲望。

第二，能掌握谈话的主动权。你先开口，就是先发制人。对方就会不知不觉地跟着你的谈话思路走，你可以一步步达到自己交谈的目的。

有一次采访国内一位著名的党史研究专家，我用的就是"双一"夸奖法。

我问，您是1947年出生的吧？可是看起来这么年轻，像是只有50岁的人。专家一听，很高兴，就主动介绍起他的养生秘诀，还教给我一套他自创的养生操。接下来的采访进行得非常顺利。

第一印象主要分为视觉印象、听觉印象、嗅觉印象。

来看个视觉印象的例子：

李同学对好友琰说："我发现你最近脸色好看很多，痘痘也明显少了。"

琰惊喜道："是吗？是吗？（边说边流露出不好意思的神情，下意识地用手摸了摸脸）我也觉得最近皮肤好了很多。"

"脸色、痘痘"，这些都是用眼睛看到的视觉第一印象。而对方说"我也觉得皮肤好了很多"，就说明观察得非常准确，说到对方的心里去了。

来看个听觉第一印象的例子：

我参加一次讲座活动，和一位酒店老总相邻，交换名片后，一起聊天。我是播音员出身，对声音特别敏感。和他交谈中，对他的第一印象是：吐字特别清楚。我就夸他："你吐字特别清晰，我们当播音员的和你比起来，都自愧不如啊。"

他一听，非常意外，笑着说："哪里哪里，跟你这专业人士比起来差远了。"

再看个嗅觉第一印象的例子：

徐同学："阿姨，你今天身上香香的，很好闻哦。"
男朋友妈妈："我昨天在衣服上都喷了点香水，所以衣服都很香。"
徐同学："哦，怪不得呢，味道甜甜的，像花香，闻着很舒服。"
男朋友妈妈："呵呵，嗯，谢谢了，快去吃点水果吧！"

徐同学回忆说：等我们快回学校的时候，阿姨把我叫到她房里，然后拿出三瓶香水说要送给我和我妈。我再三推辞，可阿姨还是笑着一定要送给我，我只好收下了。

一般来说，在第一印象中，视觉给人的印象最深刻，所以我们要多用眼睛观察对方，及时抓住对方的优点、长处，第一时间说出来。

4."三夸"练习法

"三夸"练习法，是我在教学中独创的一种训练方法，要求学生夸奖三个人，并将谈话内容原原本本地记录下来。

具体要求是：第一，课后夸奖三个人；第二，将夸奖的对话实录下来；第三，写下自己的感悟；第四，下次上课现场演示夸人对话。

- **"三夸"练习一组案例**

来看看苏同学的"三夸"作业模板。

事例一：打电话给爸爸

苏同学：爸爸，我现在每天都运动！因为我觉得你是我的榜样，你坚持每天跑步，我不能输哦！

爸爸：身体健康最重要。我还要辛苦赚钱供你读书啊！

苏同学：你是全家人的顶梁柱！

爸爸：是不是没钱花了？今天嘴怎么这么甜？

苏同学：我说的是实话啊！不过好像真的只剩两百块了。

爸爸：就知道这样，好吧，明天给你打钱。爸爸不好当啊！

苏同学的感悟：以前我经常跟父亲有语言上的摩擦，因为大家都互不相让。后来，我发现这样的相处模式只会使彼此的关系更加恶化。多一些称赞的话，让事情变得有商有量。大家相处起来就会变得更融洽。

事例二：打电话给妈妈

苏同学：妈妈，我好想你啊！特别是你做的菜。

妈：我最近在研究新的菜式。

苏同学：我觉得你做什么都好吃。你就是烹饪的天才，你不开店简直就是埋没人才啊！你说你人长得那么美，还会做一手好菜，谁不喜欢啊！

妈：哈哈哈……那当然，也不看看是谁的妈妈！女儿，什么时候回家啊？没有你在，我做菜都没有力气！

苏同学的感悟：妈妈总是那个在家默默付出的人。多一些感谢，多一些赞美，让妈妈感到快乐，何乐而不为呢？而且我发现有一点特别重要，当你一直称赞菜好吃的时候，你的快乐就会感染身边的人，吃什么菜都会觉得特别香！

事例三：称赞朋友

我：哇，你今天穿的衣服好漂亮啊，很配你的肤色，而且显得你很精神！

朋友：是吗？我在网上买的啊，才80块！

我：看上去不只这个价钱，你眼光不错哦！

朋友：那是！要不我晚上发几家店的链接给你，我做你的导购员吧，包你满意。

我：好啊，谢谢你！看来我又可以省下一大笔在实体店买衣服的钱了！

感悟：多称赞别人，让别人更愿意去帮助你，告诉你更多的信息和经验的分享。使你出门好办事！

• 为什么要进行"三夸"练习

"三夸"练习，就是夸三个人，是一种比较系统的训练方法。

先说为什么一定要课后去实践练习，因为实践出真知。夸奖的方法再有效，学生不实践，也没有切身感受。自己一实践，发现真的是一夸就灵，于是，原来不屑夸的、不会夸的、不敢夸的，全都改变了。

再说为什么要夸三个人，因为三次为多，反复实践，可以强化认识，养成习惯。一回生，两回熟，三次可以当师傅。第一次可能还不习惯，夸了三次就习惯了。

为什么要写下来？一是可以加深印象。为了能够写下来，当时夸完就要用脑子记住，写时还要用脑子回忆，这个过程就让学生对自己的夸奖实践记忆更加深刻。二是可以学会写作。通过原汁原味地记录生活，能学会怎样写作最生动，怎样讲话最得体，可谓一箭双雕。

为什么要写感悟？常言说：读万卷书不如行万里路，行万里路不如阅人无数，阅人无数不如名师指路，名师指路不如自己开悟。可见，开悟最重要。

在"三夸"练习法中，我贯穿了听悟和体悟。听悟，听老师讲夸奖的好处，学生就会有所触动和感悟，但听悟只是大脑的听觉系统参与，印象不深。体悟，是自己亲身实践，用身体验证，感官全部参与，感悟更深刻。在夸三个人的过程中，每位学生都有宝贵的感悟，但是如果不写下来，时间一长就忘记了。记录下来，就会更好地指导讲好话的实践。

如果你真的想学会讲好话，建议你一定要做"三夸"练习。

5. 逢新夸奖法

凡是对方的新变化，都要抓住及时夸奖。

对别人：
穿新衣时：你这条裙子真漂亮，在哪儿买的？
穿新鞋时：一双鞋，好半截。你这双休闲鞋特别有品位！
换新发型时：你这新发型让我眼前一亮，和电视里的女主播特别像！
升官时：听说你提科长了，恭喜恭喜，真是年轻有为啊！
搬新房：你这新房子格局好、环境好，真让我羡慕啊！
买新车：哇，换新车了，让我坐车里感受感受。

讲话写文章有新意，要及时夸；做事有新方法、新思路，要及时夸。总之逢新必夸，一般情况下，错不了。

现在我掌握了逢新夸奖法。太太今年春节做了一道新菜：咖喱牛肉。一端上桌，我马上夸奖："色香味俱全，一看就想吃！"吃完后，更是连连伸出大拇指夸奖。结果，现在只要有朋友来家里吃饭，太太必做咖喱牛肉。

现在时兴微信，如果好友在朋友圈里发了新内容，你就要及时点赞，发评论。我在朋友圈里转发了一组《有缘才能见到的绝美照片》，一位朋友马上评论："太美了，很养眼。"我看了很高兴。

我在朋友圈里发了自己第一次穿长衫主持节目的照片，很多朋友马上发评论：帅呆了、好儒雅、好有范儿。你就会觉得这些及时评论的朋友特别关心你。

6. "二传手"夸奖法

"二传手"夸奖法，就是间接地夸奖对方。主要包括两种形式：一是你当二传手，传别人的夸奖；二是别人当二传手，传你的夸奖。

• 你当二传手，传别人的夸奖

清朝纪昀有一件趣事，就是当二传手传别人的夸奖的经典例子。

有一次，纪昀和乾隆吵架，吵红了脸，乾隆让他去死，死得越快越好，再也不想见到他。

纪昀听完后立即跳进了后花园的水池子里，被人捞上来后，乾隆就问他："你不是跳河死了吗？怎么又上来了？"

纪昀说："臣真的跳河了，跳下去之后遇到屈原。屈原看见我就问：'纪昀啊，你怎么跳河了？我跳河是因为昏君楚怀王，莫非当今皇帝也是昏君？'我一听，这下坏了，我纪昀死事小，不能让皇上背上昏君的骂名，于是臣又从河里上来了。"

乾隆一听哈哈大笑，传旨赏纪昀黄马褂一件。

纪昀借助屈原之口夸奖了乾隆，皇上自然马上消火，龙心大悦。

"二传手"夸奖法有两个好处：

一是真实。 比如，你第一次见对方，就说，我觉得你这人特孝顺。是不是很虚假？肯定没人相信。但是你说"我听你妈妈说，你这孩子特孝顺"就可信。

再比如，第一次见面你就说："领导，一看您就是特别有魄力的人！"你没和领导接触，怎么知道他有魄力呢？说这话只会弄巧成拙。如果说："领导，您下属都说您做事特别有魄力！"这话领导肯定爱听。

二是有力。比如对一个孩子来说，妈妈的夸奖和老师的夸奖，谁的更有力？答案是老师。

• 别人当二传手，传你的夸奖

一位导游想赞美团友李大哥夫妻很恩爱，就对一位爱说爱笑的团友说："你看人家李大哥夫妻那么恩爱，让我们年轻人真羡慕。是不是让李大哥谈点恋爱史和相爱之道啊？"这位团友便说："李大哥，连导游都知道你们相亲相爱……"导游的赞美由此间接实现。

我在儿子家住时，儿子、媳妇早晚嘘寒问暖，让我觉得两个孩子真孝顺，回去我就对太太夸奖了儿子儿媳，说儿子媳妇很孝顺，特别细心，有这样的儿子儿媳真是福气。等两人回来看我们时，太太就对儿子说：你爸爸回来就夸你俩，然后把我夸儿子媳妇的话又转述了一遍。

传话给别人夸，可以达到两个目的：一是让自己的夸奖显得更由衷，二是让被夸的人对两个人——讲好话的人和传好话的人——都有好感。

当然，让别人传自己的夸奖，一定要选对人。小肚鸡肠的人不要选，你就是对着他夸奖别人夸得再多，他也未必帮你传达。只有选那些和你立场一致，又心胸开阔、乐于助人的人，才能将你的好话及时传递。

7. 强迫夸奖法

什么叫强迫夸奖法？就是对两个有矛盾的人，由上级、长辈逼着找对方的优点，对着对方直接说出来。

培训师冯晓强老师讲过他们公司一个真实的故事，他说他们公司有一个男士曹永成，一个女士刘莉。他们两人打了起来，跟他汇报说他们都有不对的地方。他说，知道了。他对曹永成说："曹永成，我交给你一个任务，你帮我从刘莉身上找十个优点，她的缺点跟你没关系。"

时隔一个月，他们公司300名员工开大会。他讲完课之后让曹永成起立，问他："我交给你的任务，你完成没有？"曹永成说，完成了。冯晓强说，你当众说一下。曹永成就讲："刘莉工作认真，待人热情，对客户负责任……"当说到七个的时候，冯晓强看到刘莉满脸通红；当说到十个的时候，刘莉的脑袋已经埋到桌子底下去了。

冯晓强对曹永成说："你是不是男人？是男人你从人家女孩身上学到这么多优点，要不要感谢一下？"他说好吧，就到刘莉面前感谢她。这时候，刘莉已经泪流满面。

从此，冯晓强公司的员工再也没有官司打到他这里来了。

8. 常用好话背诵法

夸奖是一种语言习惯，训斥也是一种语言习惯。

● 父母最伤孩子的十句话

作家柯云路曾经总结出父母最伤孩子心的十句话，也是最容易脱口而出的十句话。这十句话我分享如下：

① 笨蛋，没用的东西。
② 住嘴！你怎么就是不听话？
③ 我说不行就不行。
④ 我再也不管你了，随你的便好了。

⑤ 你如果考到 100 分，我就给你买……

⑥ 你可真行，竟做出这种事！

⑦ 你又做错了，真笨！

⑧ 一看你就没多大出息，将来去收废品吧！

⑨ 都是一样的孩子，你怎么就不如别人！

⑩ 就知道玩，一提学习就没精神了。

想一想，这些话是不是经常从我们当父母的嘴里蹦出来？

那么，从现在开始，对这十句话，我们一定要学会忍住不说！什么是"忍"？就是心字头上一把刀，忍，很难，但你忍住了，你就进步了。

● 学习讲好话，先学"种庄稼"

怎样改变负面的语言习惯呢？先来看个怎样除掉杂草的故事。

哲学家苏格拉底把弟子们带到旷野上上最后一堂课，开口问他们："旷野上长满了杂草，你们认为该如何除掉这些杂草呢？"弟子们有的说用火烧，有的说用铲子铲，有的说斩草除根。

等弟子们都讲完了，苏格拉底说："课上到这里。你们回去后，按照各自的方法除去一片杂草。一年后再来这里相聚。"

一年中，弟子们用自己的方法除去了地里的杂草，但没过几天，草又长了出来，反复几次草都没有除净。

一年后，弟子们再次相聚，发现原来的地方不再是杂草丛生，而是变成了一片长满谷子的庄稼地。弟子们这才恍然大悟，明白了老师的教诲：要想除掉荒地上的杂草，方法只有一个，那就是在上面种上庄稼。

变训斥为夸奖，也要学会在脑子里"种上庄稼"。怎样种呢？就是反复背诵常用的夸奖词语和语句，让它们占领你的大脑，取代那些负面的词语和语句。

背诵 100 位成功人士常说的五句话：

① "我以你为荣！"
② "您怎么看？"
③ "麻烦您！"
④ "谢谢！"
⑤ "你！"

这是《福布斯》杂志上总结出的 100 位成功人士常说的五句话。前四句，明明白白就是夸奖人的话，不用解释。第五句，一个字——"你"，就是讲话不要以"我"为中心，要以"你"为中心，要询问对方的关注点。

比如：你最近在研究什么？你的项目进展如何？你的工作做得怎样？你最近在进行什么娱乐？你对什么感兴趣？你喜欢什么地方？你最喜欢吃什么？你最近去哪儿旅游了？你喜欢什么颜色？

将上面的五句话加上手势，天天背诵 100 遍，坚持 21 天，就会形成你的好话口头禅。

- **背诵成功家长每天说的四句问话**

每天问孩子四个问题：今天学校中有什么好的事情？今天你有什么好的表现？今天你有什么好的收获？需要爸爸的帮助吗？

这是一位爸爸的家庭教育心得，女儿每天放学后，他都通过这四句问话了解孩子的优点，然后进行夸奖。女儿每一天都在赞赏和快乐中度过。

请当父母的把这四句话每天背诵 20 遍，背诵 21 天，就会了解孩子的优点，并学会夸奖孩子的优点。

- **背诵先夸后批句式**

有位教师总结出了 14 条先夸后批的话语模式，相信对老师、家长、领导都会有帮助。你可以从中选出几条，进行有针对性地修改、背诵，以学会这种先夸后批模式。

① 你是一个听话、懂事、善解人意、令人信任的女孩，你是老师的得力助手。在学习上也较努力，但常常无法取得理想的成绩，关键还是你不够踏实。老师希望你今后在继续努力学习的同时，更加严格地要求自己，老师等着你的好消息！

② 你是一个热情、大方、诚实的好孩子，对集体和他人的事非常关心，是个有学习能力的学生。但学习不是件轻松简单的事，要有战胜困难的信心及毅力，希望你能把握每一天，做个优秀的好学生。

③ 你是一个文静的孩子，老师布置的任务一定会认真完成，但在学习上有不懂的问题不敢提出来，不知道你是否发现了自己的这一不足。希望在今后的学习中，你能做到不懂就问，大胆地问，成功将属于你。

④ 你是个开朗的男孩，课堂上，你认真思考；在考场上，你沉着应试；赛场上，你表现出色。刻苦学习，迎难而上，是你的特点；勇于开拓，大胆创新，是你受到同学们喜爱的原因。但是，要想在学习上取得更大的进步，还要培养爱读书的习惯。希望你在书山学海中找到开启智慧之门的金钥匙。

⑤ 你文静、听话、上进心强，老师最爱看见你上课时瞪大眼睛专心听讲的样子，从你工工整整的字迹中可以看出你对待学习非常认真，希望今后更大胆一些，争取在各方面打个漂亮仗。

⑥ 你是一个活泼、天真的男孩，虽然上课经常举手发言，但学习成绩总不太理想。你很热情，能与同学友好相处。你又很贪玩，时常为此耽误了学习。如果能合理安排好学习与玩的时间，你将会成为一个很了不起的男孩。

⑦ 关心集体，自理能力强。你能按时完成各科作业，但有时上课不够专心，还有些小动作。希望你能勇敢地与贪玩、怕困难做斗争，这样你才会不断进步，相信你一定会做到的。

⑧ 想告诉你，在我心中你是一个文静灵秀的女孩；想感谢你，总是默默无闻地为班级做着贡献；想对你说，愿你在知识的海洋中不息地奋斗、执着地追求，

使自己成为品学兼优的学生。

⑨ "积累知识在于勤，学问渊博在于恒"，这一"勤"一"恒"是你功夫下得不够的地方，你是个聪明的孩子，希望勤奋学习，提高自己的成绩。

⑩ 你是个稳重、踏实的男孩，有着良好的学习习惯。如果你希望成功，应以恒心为良友，以经验为参谋，以智慧为兄弟，以希望为哨兵，相信你一定能做得很好。

⑪ 你性格温和，言语不多，但待人诚恳、礼貌，作风踏实，品学兼优，热爱班级，关爱同学，勤奋好学，常与同学探讨问题，思维敏捷，成绩优良。愿你夯实各科基础，常抓不懈，争创一流！

⑫ 你思想纯朴，待人随和、诚恳，处事稳重，与同学相处得好，热爱集体，乐于助人是你的美德。爱好广泛、知识面较宽，对自然、人生的美丽有一份执着信念。愿你坚持不懈，多一份朝气与冲劲，做一个强者、胜利者！

⑬ 你学习认真，上进心强，但成绩起伏较大。相信你会不断总结，好好把握今天，早日腾飞！

⑭ 你是一个内向、诚实的男孩，能自觉遵守学校纪律，虚心接受老师的教育，认真完成老师交给的任务，与同学团结友爱，热爱集体，自觉学习，成绩优良。愿你更加开朗活泼，全面进步！

通过背诵的方法，就可以让这些积极的词句进入你的潜意识，替换掉脑子里那些负面的词句，将讲好话变成你的习惯。

9. 态势语夸奖法

这种夸奖法就是用手势、表情等肢体语言夸奖人的方法，包括：竖大拇指、拍肩膀、点头、鼓掌等。

• 竖大拇指夸

在三种场合比较适合竖大拇指夸人：一是嘈杂的场合，二是特别安静的场合，三是与他人距离远的场合。

先说嘈杂的场合。我在上演讲课时，学员会有大量的小组练习。各小组练习时，声音很嘈杂，我看到练得好的学生，就会及时伸出大拇指进行无声的夸奖。学生看到以后，很高兴，练习的劲头就更大了。其他组也会拉着我过去，看他们的练习。

再说安静的场合。比如一位学员在台上演讲，众人在台下安静地听，讲到精彩的地方，我如果出声夸奖，就会影响学员的思路，破坏会场气氛，这时我就会高高地伸出大拇指及时表示肯定。

最后说说与跟他人距离远的场合。

企业家胡小林讲过一个故事。

学校组织社会实践活动，让每个孩子到街上卖出十份报纸。他就带着儿子上街，先教孩子方法。"儿子，你先向路人鞠躬，然后说：'您好！我是某某小学学生，在做社会实践活动。请您买一份报纸吧。'"

然后他坐在车里远远地看儿子卖报纸。儿子按照他教的方法，每卖出一份，他就从车窗里伸出大拇指夸奖一次。儿子看他十次，他伸了十次大拇指。但是，他儿子班上有的同学一份报纸也没卖出去。

• 拍肩膀夸

在两个人边走边说的过程中，适合运用拍肩膀的动作，比如上级对下级、老师对同学，都可以拍着肩膀说：干得不错！写得不错！

拍、看、笑、说，就能起到加强夸奖效果的作用。

吴炯曾任阿里巴巴的首席技术官，马云对他的一次拍肩膀夸奖，让他颇为骄傲，记忆犹新。

"我是相对内向的人，在阿里巴巴时，每到年底都会有一个大型年终晚会，主持人由高管轮流做。对我来说，一定是能躲就躲。"2006年，阿里巴巴并购了雅虎中国，这一次，主持人的重任落到了吴炯身上。

没想到这一场晚会，吴炯主持的效果相当不错，偶尔还有小小的幽默。晚会结束后，马云过来拍着吴炯的肩膀说："你这个主持人做得还真不错。"吴炯说："这是我成就感最大的时候。"

● 微笑点头夸

微笑点头夸，就是在听对方讲话的过程中，不适合打断，可以用微笑加用力点头的方式表示赞同。

娃哈哈董事长宗庆后第三次登上内地首富榜后，有位媒体记者对他进行了采访。

记者问宗庆后："您刚才说，董事长要长着一颗懂得员工心事的心，这句话该如何理解？"

宗庆后回答："您应该知道现在人们最关心的事情是什么，我作为董事长，让员工为企业发展做贡献的同时，必须懂得他们当前最迫切的心情，那就是看病、住房和子女上学问题。"

接着，宗庆后讲述了公司对员工的关怀。从1993年开始，娃哈哈就采取了全员持股策略，当年有1.7万名员工持有公司股份，现在3万多名员工已全部持股了。员工持股后，既是员工，又是真正的主人，可以通过分红享受到企业发展的成果；很早就解决了员工子女读书问题，企业为员工子女提供从幼儿园到初中毕业的全部学费；看病就更不用说了，医药费全部报销；解决了员工的住房问题。这几年杭州房价高涨，员工生活压力很大，如果员工连个窝也没有，何以谈得上乐业。公司为此积极建设廉租房，同时跟地方政府申请了一些经济适用房，还补贴员工每平方米1200元。经济适用房在杭州每平方米3000元，员工相当于可以每平方米花1800元就能买到房。公司有很多外来青工，大部分是生产岗位的技术工人，工作六七年后面临结婚生子，但因为户口不在城市，住房太贵，只能回老家。所以公司建了七八十平方米左右的廉租房，这样他们就可以在公司所在地成家立业了。

宗庆后话音刚落，记者就对他说："我是不是可以用一个公式总结您关于'董事长要长着一颗懂得员工心事的心'的含义：情感＋分享＝成功？换句话说就是，企业为员工考虑得更周到，员工对企业的忠诚度就更高，企业发展越快，员工就越有奔头。"

宗庆后微笑着点了点头。

听了宗庆后对"董事长要长着一颗懂得员工心事的心"这句话的解读，这位才思敏捷的记者马上总结出了"情感＋分享＝成功"的公式，令宗庆后十分佩服，就用"微笑着点点头"表达了这种佩服和欣赏。

- 鼓掌夸

掌声，无言而有声，是对人最好的夸奖和鼓励。

有一年，中国民企"常青树"万向集团鲁冠球给杭州市萧山区领导、百强企业老总做了一个应对当前经济形势的讲座。他讲完后，大家自发地鼓掌；主持人致辞后提议，大家第二次热烈鼓掌；鲁冠球从座椅上起身、快步离开大舞台时，大家再次鼓掌。

三次鼓掌，代表了什么？代表了对鲁冠球这位农民企业家的赞赏和敬佩！

我在上演讲课时，也特别注意训练学员练习鼓掌这个内容，因为我发现，在演讲课练习环节，学员在台上向大家问好："各位老师，各位学员，大家好！"如果台下没有任何反应，台上的学员就会觉得自己的表现不行；而台下热烈鼓掌，就是一种赞扬和鼓励，台上的学员听到有反馈，马上充满自信。所以，我要求全体学员不管台上的学员表现如何，无一例外，都要为他热烈鼓掌。掌声一起，台上的学员马上就受到鼓励，自信大增。

看到这里，可能有读者会问：你把讲好话的地位捧得这么高，难道说就不需要批评了吗？下一章就来回答：到底需不需要批评？怎样把批评变夸奖？

第八章 变批评为夸奖的九种方法

无论对自己的孩子、对学生、对下属，批评都是必要的教育手段，与讲好话并不矛盾，但我们一定要清楚：批评并不等于训斥、责骂，批评也要顾及对方的自尊心，批评不能经常用。

著名教育家陈鹤琴说，无论什么人，受激励而改过，是很容易的；受责骂而改过，却不大容易。

训斥、责骂不会产生任何效果，只会激起对方的逆反和报复。贬褒合用，才是最有效的方法。怎样贬褒合用？我总结出九种方法：一、先夸后批；二、以夸代批；三、变批为夸；四、明夸暗批；五、先抑后扬；六、幽默代批；七、期望代批；八、你夸他，他自批；九、贬己代批。

一、先夸后批

先夸后批，就是先夸奖，再指出不足之处。

美国总统林肯任职期间，曾经写过在历史上最有名的五封信，其中一封措辞最尖锐而不客气的信是写给霍格将军的。而林肯在指出他的严重错误前，先称赞了他。

我们不妨一起来读一读。

"我已任命你为波托马克军队的司令官，当然，我这样做是根据我所有的充分理由。可是我希望你也知道，有些事，我对你并不十分满意。

"我相信你是一个睿智善战的军人，当然，这点是我感到欣慰的。同时我也相信，你不至于把政治和你的职守掺混在一起，这方面你是对的。你对你自己有坚强的信心——那是一种有价值、可贵的美德。你很有野心，那在某种范围内，是有益而无害的。

"可是在伯恩赛德将军带领军队时，你放纵你的野心行事，而阻挠他。在这件事上，你对你的国家，对一位极有功勋而光荣的同僚军官，犯下一个极大的错误。我曾经听说，并且使我相信，你说军队和政府需要一位独裁的领袖。当然，我给你军队指挥权，并非出于这个原因。同时，我也没有想到那些。只有战争中获得胜利的将领，才有当独裁者的资格。目前，我对你的期望是军事上的胜利。到时，我会冒着危险，授予你独裁权。政府将会尽其所能赞助你，就像赞助其他将领一样。我深恐你灌输给军队和长官的那种不信任上司的思想，会落到你自己的身上，所以我愿意竭力帮助你，平息你这种危险的思想。军队中如果有这种思想存在，即使是拿破仑还活在这世界上，他能从军队中得到些什么？现在切莫轻率推进，也不要过于匆忙，需要小心谨慎，不眠不休去争取我们的胜利。"

对于一位"将在外君命有所不受"的将军来说，林肯的批评是多么尖锐啊："你放纵你的野心行事""犯下一个极大的错误"。但由于林肯娴熟地运用了先夸后批法，霍格将军还是心悦诚服地接受了批评。后来，霍格将军带领联军取得了一系列胜利，终于结束了内战，并保持了一贯的政治中立。

二、以夸代批

战国时，魏文侯问群臣：我这样的君主如何？群臣除了任座之外一致称颂他为仁君。任座对魏文侯说："你打下中山国，不封你的弟弟却封自己的儿子，不算仁君。"

魏文侯特别恼火，任座就退出去了。魏文侯又问翟璜，翟璜说："您是仁君。"

魏文侯问："你是根据什么知道的呢？"翟璜回答："君主仁义，臣子才能直言不讳，刚才任座直言不讳，所以我认为您是仁君。"

魏文侯很高兴，把任座找了回来，待他为上宾。

直接批评，让魏文侯发怒；夸奖，让魏文侯高兴。翟璜的一番话，既规劝了魏文侯，又保留了魏文侯的面子，还挽救了任座。这就是以夸代批的巨大魅力。

蔡首群是温州某中学的一位班主任，她讲过一个以夸代批的经典故事。

有一天课间,她刚推开教室门,两个平时非常调皮、正蹲着修理椅子的男生猛地一下站了起来,满脸惊慌,不知所措。她一下明白了:他们用椅子打架,把椅子打坏了。

这时教室变得鸦雀无声,同学们都等着看看怎么训他俩。但她没有批评他们,而是不动声色地走上前去,当着全班同学表扬了他们修理椅子的行为。

第二天,两个男生交来了"检讨":"老师,您对我们太好了,我们以后一定爱护公物,再也不打架了。"

温柔的批评,是她获得"民心"的法宝,在她所带的班级中,学生都懂得礼貌待人、和谐相处。

三、变批为夸

2011年4月,在古装战争大片《战国》的首场宣传中,导演金琛表示这部电影是"有智慧的大片",出品方也夸下海口,说票房会达到三亿。但主演孙红雷不大看好,说看完了整部片子之后,觉得自己的表现很差,最多只能打20分。此话一出,众人一片哗然。分数打得这么低,怎么吸引观众去看?为此,孙红雷挨了片方的内部批评。

后来,金琛导演在一次活动中,有记者向他提起了孙红雷"20分"的事,没想到,金琛不但没有恼怒,反而替孙红雷"圆场"说:"孙红雷自评20分,说明他是一个对自己要求很苛刻的演员,演得好从不沾沾自喜,永远只看到自己不好的地方,跟自己较劲。如果观众很好奇孙红雷怎么会给自己打20分,那就不妨去影院一探究竟。"

后来，孙红雷听了这番话后，既惭愧又感动，在公开感谢金琛导演的同时，也诚恳地向观众道了歉。

听了孙红雷这番话，金琛导演没有批评他，反而夸奖孙红雷对自己要求严格，不仅让孙红雷诚恳道歉，而且还调动了观众的好奇心来看《战国》，这种变批为夸的方法，收到了一举两得的效果。

再来看一个母亲巧借老师之口夸自己的孩子，把孩子送进了清华大学的故事。这是一位失去丈夫的普通母亲在孩子上学时，三次参加家长会的经历。

第一次，幼儿园的老师对她说："你的孩子可能有多动症，在板凳上连三分钟也坐不了。你最好带他上医院看看。"回家的路上，孩子问她："老师说了些什么？"她告诉儿子："老师表扬了你，说宝宝原来在板凳上坐不了一分钟，现在能坐三分钟了。其他的妈妈都非常羡慕妈妈，因为全班只有宝宝进步了。"那天晚上，儿子破天荒吃了两碗饭。

第二次，老师对她说："全班50名同学，这次数学考试，你儿子排第49名，我们怀疑他智力上有障碍，你最好带他去医院查查。"回家的路上，她流了泪，然而回到家，对坐在桌前的儿子说："老师对你充满信心，老师说了，你并不是一个坏孩子，只要能细心些，会赶上你的同桌，这次你的同桌考了21名。"说话时，她发现儿子暗淡的眼神一下子充满了光亮，沮丧的脸舒展开来。她甚至还发现，儿子温顺得让她吃惊，好像突然长大了很多。

第二天上学，儿子比平时去得都早。

第三次，初中开家长会时，妈妈直到结束都没有听到老师点她的名字。临别去问老师，老师告诉她："按你儿子现在的成绩，考重点高中有点危险。"她怀着惊喜的心情走出校门，她发现儿子在等她，她扶着儿子的肩膀，心里有一种说不出的喜悦。她告诉儿子："班主任对你非常满意，她说了，只要你努力，很有希望考上重点。"

结果，这个孩子考上了重点高中。

几年之后，高考结束，孩子得知被清华大学第一批录取，跑到自己的房间大哭，边哭边对他母亲说："妈妈，我一直知道我不是一个聪明的孩子，是您……"

这是一位智慧的母亲。她每次都把老师批评孩子的话，转化为夸奖孩子的话，给孩子带来了进步的动力，让孩子敲开了清华的大门。

四、明夸暗批

孙权和大臣饮酒作乐，起身向臣子劝酒，走到虞翻的座位时，虞翻不希望孙权沉溺于酒色，就假装醉倒在地，不能再喝，等孙权走过去后，他又坐了起来。

孙权看到后很愤怒：你这是什么意思？分明是跟我捣蛋嘛。当即要处死虞翻，在座的众臣没人敢劝阻他。

此时，大司农刘基上前抱住孙权，劝谏他，大王酒过三巡后，要亲手杀掉贤能之士（指虞翻），即使虞翻有罪，天下有谁知道？只知道大王酒后杀人。更何况，大王因为能够招贤容众，才赢得四海仰慕。如今转眼就毁掉自己的声誉，不是很可惜吗？

孙权说自己醉了，头脑还很清醒，他想到曹操杀孔融，就理直气壮地辩驳，曹操不也杀了孔融吗？我杀个虞翻又算得了什么？

刘基反应敏捷，回应道，曹操杀害士人，天下人一致谴责。大王推行礼义，想和尧、舜相比，怎么能跟曹操相提并论呢？

这番话正中孙权下怀，虞翻因此免于杀身之祸。孙权下令，从今以后，凡是自己在酒后下达的杀人令，都不得执行。

刘基说的这番话就是明夸暗批，明里说你孙权是和尧、舜同等级的国君，暗里意思是如果你不听劝，执意要杀虞翻，就跟曹操一样。这种隐晦的批评，既让孙权保住了面子，也起到了劝谏作用，不失为两全其美的办法。

下级劝阻、批评上级时，可以采用明夸暗批法。

五、先抑后扬

先抑后扬，就是先指出一个人的缺点，再夸他的优点。

《归来》上映前一晚，作家莫言现身"张艺谋电影回顾展"，与老朋友张艺谋展开关于艺术创作的对谈。谈到张艺谋的新片《归来》，莫言称自己和两名80后一大早跑到电影院去看。他评价这部影片虽然故事老套，甚至陈旧，但让他这个60岁的老男人看哭了。这个片子演出了人世间最真诚的感情，是一部直指人心的好电影。

莫言说"故事老套"，是先抑；再说"是部直指人心的好电影"，是后扬。对老朋友先抑后扬，让听众听起来更真实、更客观，不会有老朋友互相吹捧之嫌。

柴同学和姚楠平时交谈很少，因为觉得他是一个很冷酷的男生，不大敢和他接触。

有一次，柴同学有机会和他交谈，说："姚楠，我觉得你给人的感觉有点冷，实际上你很容易交流,人也很好!"

姚楠对此表示同意,点了点头说:"对啊!很多人都这么说,所以我现在在努力改呢!"

柴同学的感想:因为我也总是板着脸,外表看上去让人不太容易接近,所以跟姚楠有挺多话题聊的,一会儿就和他相处得很融洽了。

如果直接说你这个人很冷酷,不好接近,对方肯定不高兴,会变得更固执。而你先贬后褒,既指出了对方的缺点,又能让他喜出望外,他自然心悦诚服,乐于接受并改正自己的缺点。

六、幽默代批

有个小女孩只顾跟她的小狗"贝贝"说悄悄话,无意中把"贝贝"带进了一家严禁携带小狗入内的商场。

小女孩对这条禁令毫不知情。当她上了二楼,看到墙上"严禁携带小狗入内"的警示牌时,才发现小狗已经没地方藏了。她很着急,赶紧乖乖站好,一边紧搂着"贝贝",一边看着迎面走来的商场的保安,准备接受保安的责骂。

不料,保安不仅没生气,还笑眯眯地看了看她,问:"啊!很可爱的小狗,它叫什么名字?"小女孩轻声回答:"它叫贝贝。"保安又笑了笑,摸了摸小狗的头,说:"亲爱的贝贝,你怎么糊涂了?我们这儿是不准小狗带小女孩进来的,但既然来了也就不难为你了,请离开时记住,千万别忘了带走你身边的这位小姑娘!"

一句幽默的话，既消除了小姑娘的自责，也达到了教育的目的。

幽默的话还可以化干戈为玉帛。一位网友讲了他自己亲身经历的一件事。

有一天下班，乘大巴车回家，天热人多，他刚从前门上去，司机就对他说："往后面走，到后面去。"他挤得眼冒火星，问："后面有位置吗？你给个位置我就到后面去！"

司机突然来了一句："你坐我这个位置？"他不甘示弱："可以啊，开得不一定比你差。"

此时，你一言，我一语，不可开交，那司机来了一句："大哥，您是坐车的命，我们是开车的命，苦！苦！苦！"

这句话说得好，虽然他是坐大巴车的命，但受到了捧，这一招实在厉害，让他无话可说。

七、期望代批

美国总统柯立芝有一位漂亮的女秘书，但在工作上经常出错。一天早晨，柯立芝对她说："你的衣服真漂亮，正适合你这位年轻漂亮的小姐。"这话出自少言寡语的柯立芝口中，让秘书受宠若惊，但柯立芝接着说："但也不要骄傲，我相信你的公文也能处理得和你一样漂亮。"果然从那天起，女秘书在公文上就很少出错了。

为了顾及女秘书的自尊心，柯立芝没有直接批评她，而是用了"我相信你的公文也能处理得和你一样漂亮"，以期望取代了对她的批评，委婉地让她明白了自己的不足和应该改进的方向。

报载，一"雷公处长"经常斥责下属，事后安慰道："就是因为觉得你有希望，并非无药可救，所以才批评你、提醒你。"此法屡屡见效。

这位处长虽然当时批评得很严厉，但事后用了期望法，所以也能起到既教育下属，又不让下属记恨的效果。

八、你夸他，他自批

你夸他，他自批，就是你夸奖他，让他自己批评自己。

前面曾经讲到，意大利著名文学家亚米契斯的两名学生搞恶作剧但失败了，亚米契斯故意装作不知道学生要整他，而是夸他们勤快，积极打扫卫生，并且让其他学生帮忙一起打扫教室。事后，这两名学生主动向亚米契斯承认了错误，并保证今后不再搞恶作剧，一定会尊敬老师，努力学习。

可见，想要做到"你夸他，他自批"，既要有较高的修养，也要有灵活机智的方法。

九、贬己代批

一位网名叫"火烈鸟"的中学老师，在博客中介绍了自己以自贬法教育学生的故事。

"火烈鸟"讲到，有一天，他来到班里比较早，发现学生张某不经他人同意就把他人的课本、练习册借给其他班的同学，结合其他同学的反映，"火烈鸟"当即决定对他的这一行为进行教育。

如何进行呢？"火烈鸟"趁那名学生将他人的课本等东西拿出教室之际，来到他的桌前，把那名学生放在课桌上的数学课本、练习册拿起，然后放到讲台上，等铃声一响，学生就座时，他宣布上课，并让全体学生打开课本。

此时，张某发现自己桌上的课本没有了，便着急起来，东瞅瞅、西望望。"火烈鸟"见状，连忙叫起张某问他："张某，你在干什么呢？"张某答道："老师，我的课本不见了，不知被谁拿走了，真是的，也不经我的允许就拿走，太不像话了。""火烈鸟"借机诱导他："你知道拿你课本的人违反了《中学生日常行为规范》中的哪一条吗？"他沉吟了一会儿道："违反了'未经允许，不动用他人物品'这一条。"

"火烈鸟"认为批评教育的时机已到，便当着大家的面说："同学们，对不起，老师今天犯了一个严重的错误，那就是未经张同学同意，私自拿走了他的课本。这种行为严重违反了《中学生日常行为规范》中的有关条文，在此，特向他道歉！对不起。希望同学们不要像老师这样，再发生未经允许，私自动用他人物品这种事情，更希望有这种不良习惯的同学能彻底改正。同学们能做到吗？"

虽然"火烈鸟"并未直接批评学生，但收到了很好的效果。从此以后，张某改变了自己的这一行为习惯。

第九章 听了夸奖的话，应该如何回应

遇到别人夸奖自己，怎么回答也是一门学问。有的人就不会回应别人的夸奖，他们有哪些表现呢？

一、不会回应的几种表现

1. 没反应

我在机场卫生间看到一位清洁工将洗手池上面的镜子擦得很干净,我就说:"擦得这么干净,你真敬业!"

这位清洁工可能很少听到别人夸奖她,所以不知所措,就像没听见,脸上不笑,嘴里无话,搞得我很尴尬,只好自嘲地一笑,走了。

2. 不领情

查同学:"小玲啊,你学习那么刻苦努力,每天都泡图书馆,现在大学生像你这样的已经不多了啊!"

小玲:"唉,光刻苦努力有什么用啊,成绩好又不能当钱花。"

3. 指责别人

何同学：这么勤奋啊！一早起来跑步。
陈：我每天都在跑啊……你没看到而已。

4. 要求回报

张同学拜托室友帮他去买点东西，室友笑笑就答应了。
等他回来，张同学说："谢谢了。"室友说："不用谢，下次也帮我买点东西就行了。"

二、微笑、感谢、自谦

1. 别人夸你，你要微笑

这是对待别人夸奖时最起码的反应。

本周回家吃午饭时，陈同学对妈妈说："妈，你炒的菜越来越有水准了！"
妈妈笑了笑，没说什么。
结果，晚上餐桌上加菜数碟。

2. 别人夸你，你要感谢

电视剧《历史转折中的邓小平》中，邓小平同志在接见华裔科学家丁肇中教授时有段对话：

丁肇中：邓副主席，得知您出来工作的消息，海外的华人非常地高兴啊！
邓小平：呵呵呵……谢谢大家抬爱了！

3. 别人夸你，你要自谦

黄同学：你的台球打得真厉害啊！
朋友：其实也不怎么样，偶尔玩一下而已。

我夸学员：这一遍练习进步非常大！
学员：我的声音还不够洪亮，再来一遍。

我：您老气色真好！
老人：哪里哪里，腿脚不行了。

4. 别人夸你，你要归功于运气

著名作家金庸在谈及自己对一些重大历史事件的准确预测时，这样说道：

"其实重要的预见也并不多……对于香港的前途,我比较重要的一个推测是:中国当局会决定收回香港,大概会在收回的日期之前15年左右正式宣布,同时宣布香港现状今后不变。事实是,中国政府的确于1982年宣布,定于1997年7月1日收回香港,恰好是相隔15年。这些我绝不敢自负,只是运气好,恰好碰中了而已。"

金庸不说自己观察力好、预见性强,而把一切都归于运气好——"碰中了而已",恰到好处地表达了谦虚之意。

5. 别人夸你,你夸他

革命导师马克思和恩格斯的友谊曾被列宁誉为"超过了古人关于人类友谊的一切最动人的传说"。在他们40余年共创无产阶级革命大业的过程中,恩格斯始终以"第二小提琴手"自喻,把一切功劳归于马克思,甘当马克思的助手,不论在马克思生前还是身后。在恩格斯70岁生日来临前,很多人纷纷发来贺电,寄来信件,他十分不安地说:"我主要是靠了马克思才获得声誉啊!"并极力反对为他举办庆祝活动。

再来看几个生活中常用的例子。

现任局长:"老局长,没有你哪有我的今天啊!"
老局长:"哪里,主要还是你自己的努力啊!"

李同学:"你穿衣服真有品位啊!"
同班同学:"多谢!你更有品位啊!"

姐姐："我要回珠海上学了，你想念我吗？"
弟弟："姐姐上学时，我凄凄惨惨戚戚。"
姐姐："你的古诗词学得不错嘛。"
弟弟："多亏姐姐的教导，呵呵。"

6. 别人夸你，你幽默

著名漫画家方成就很会幽默地对待别人的夸奖。

一次在深圳，大家见方成老爷子精神矍铄，腿脚利索，就夸奖他保养有方，他却拦住话头，说："嗯，其实我不怎么保养，我精神好是因为我信教了——"你那里正猜想他信的是什么教，他不紧不慢地告诉你，"我这个教可好，天爷教——全听老天爷的，保准没错！"

幽默地回答别人的夸奖，大多数情况下，还是贬低自己，拿自己开玩笑。

在第二次世界大战中，英国首相丘吉尔护卫英国功绩卓著。战后他退位时，英国国会拟通过提案，塑造一尊丘吉尔的铜像置于公园。丘吉尔听后轻轻地一笑，说："多谢大家的好意，我怕鸟儿喜欢在我的铜像上拉屎，还是免了吧。"

张艺谋感慨地说，27年前合作电影《红高粱》时，他找了莫言很多次想改剧本，但苦于自己是新人，又怕莫言对他有想法，每次去找莫言谈心里都忐忑不安。可莫言说："随便拍。"这让张艺谋一直特别感动，老友莫言在一旁对张艺谋说："我那时是怕麻烦。"全场再次哄笑。

丘吉尔"怕鸟儿拉屎"，莫言"怕麻烦"，这个"怕"字并非真怕，而是这些名人以幽默智慧的方式做的自贬。

7. 面对四次夸奖，马云怎样回答

面对别人的一次夸奖，我们可以将上面这些方法单独应用一个就行。当面对长篇谈话、一次又一次的夸奖时，该怎样回答呢？就需要把以上这些方法综合运用。下面就请大家看一看《浙商》杂志上冯永明的一篇文章：

2014年6月30日，小雨。在杭州西溪湿地的太极禅苑，日本"经营之圣"稻盛和夫和当下中国最具人气和影响力的互联网明星、阿里巴巴集团董事局主席马云握手。

六年前的2008年10月28日，在京都日本京瓷公司总部会议室，44岁的马云拜会了76岁的稻盛和夫。听上去，这一次会面更像是后者的一次回访。《浙商》杂志作为现场唯一的中文媒体，做了全程记录。

为什么稻盛和夫会欣赏马云？为什么稻盛和夫称赞马云创造了神话？为什么稻盛和夫认为马云并不傲慢？让我们聆听稻盛和夫和马云神一样的对话！

一、阿里创造了一个神话

稻盛和夫：在日本，我经常听到或者看到关于你的故事，在IT行业，你在世界上创造了一个企业神话。

马云：那年和您交流后，我受益匪浅。我把做企业，从当成一种乐趣，到做成事业，再把它当成做人一样。这一路上，我学到了很多。我对稻盛先生的思想、哲学、观点尤为赞赏。我认为，中国企业在管理上必须有一个强大的思想和文化基础。

我听说您去寺庙做了一年"和尚"。我当时说，60岁时也想去做一回"和尚"，但我太太不同意（大家被马云的玩笑逗乐）。其实，我们做企业的人，天天都在修行，在工作中、在生活中，碰到的所有灾难、快乐都是一种修行。我看了您的《活法》，觉得很有意思。我以前最早学习道家哲学，从中明白了领导力，而儒家思想讲究管理，佛家思想讲究做人，三家合在一起，方为中国文化的精髓。

我觉得，阿里很幸运，这15年走到今天，未来还有87年要走。前面15年的成绩，有运气的成分，但更重要的是，我们坚持了自己的使命、价值观和文化，坚持"别人好了，我们才能好"的理念。我们无法确保他们一定会过得好，但是希望他们因为用了我们的服务及合作，比昨天更好。

二、不傲慢让人欣赏

稻盛和夫：你的想法很好，让我很受感动，因为我们的想法很一致。修行，无论是困难时还是好的时候，每一天都在进行。阿里巴巴只用了15年，就做到这么大规模，了不起！很多人会因为成功而傲慢。但是，你与其他人不同，你并不傲慢。那么，能否具体说说102年这个概念是什么？

马云：亚洲企业，尤其是中国企业，比较讲究做"百年企业"。但"百年企业"的概念不够准确。阿里巴巴成立于1999年，上个世纪有1年，这个世纪100年，然后，到下个世纪。我认为，我们把基础架构好，我们就能做到102年。我的眼界只能看到102年，也就是2101年。我相信，后人会比我做得更好。

三、百年目标值得称道

稻盛和夫：你的102年的目标，非常好，非常远。

马云：稻盛先生，我是度日如年，度年如日啊。我特别感谢您，说我现在很谦虚。其实，我也没有特别值得骄傲的事。因为，时代的运气，这么多人的努力，几万名员工一点一滴的付出，才有了今天的结果。我更明白，当年我们是从哪里来的，我们有什么，我们要什么，我们又该放弃什么？我们都是穷孩子出身，一点一滴地做出来的。这么多年来，有两点特别重要：一是感恩之心，感恩今天，感恩昨天；二是敬畏之心，所谓信仰，信就是感恩，仰就是敬畏。

我们到今天为止运气都特别好，但未必明天运气还这么好。我们就是把这些想明白了。

四、我很荣幸与稻盛和夫交流

稻盛和夫：我非常敬佩你。我听了后，才知道，你能在这么短的时间内把企业做这么大，确实有气量，确实大气。我现在明白，为什么这里叫太极禅苑了——这本来是我要问你的一个问题。

马云：道家讲究和谐，儒家讲究规矩，佛家讲究包容。我从太极中悟到，事情并没有好与坏，关键是看你怎么看。太极不仅是健身，也可以产生思想的交流。禅是生活的方式，到这里来的朋友，可以天南海北地聊，发表各种看法。能与稻盛先生在此交流，我非常荣幸。

在中国做企业，需要好的"中药"，把儒释道几家合在一起，才是真正好的"药"，否则任何一味药都可能是"偏方"。太极是整合了儒释道的具体路径，太极讲究的是化，而非攻，这里面其乐无穷。

看了这段谈话，我首先对两位世界级企业家的胸怀、谦卑、人格魅力、与人沟通的艺术充满了敬仰。

接下来我们分析一下，马云面对稻盛和夫的四次夸奖是怎么回答的。

第一次，先用"别人夸你，你夸他"法。稻盛和夫夸奖马云创造了一个企业神话，马云反过来夸奖稻盛和夫，先说："那年和您交流后，我受益匪浅"；又说："我对稻盛先生的思想、哲学、观点尤为赞赏。"又用"别人夸你，你要归功于运气"法："我觉得阿里很幸运"。

第二次，稻盛和夫夸奖马云不傲慢让人欣赏，接下来就是一个提问"102年这个概念是什么？"，所以马云只能直接回答提问，不便对夸奖做出回应。

第三次，用的是自谦法。稻盛和夫夸奖马云的百年目标值得称道，马云用了自谦法回答："稻盛先生，我是度日如年，度年如日啊。我特别感谢您，说我现在很谦虚。其实，我也没有特别值得骄傲的事。"

第四次，稻盛和夫夸奖马云，"我非常敬佩你""确实有气量，确实大气"，马云又用了自谦法:"能与稻盛先生在此交流,我非常荣幸"。

马云面对稻盛和夫多次夸奖做出的回答,给我们提供了一个生动鲜活的"面对夸奖怎样答"的案例。

其实,我把稻盛和夫与马云的这篇谈话放在本书的结尾,还有一层意思,就是想通过这两位世界级企业家的对话,为我们树立会讲话、讲好话、好沟通、做好人的榜样。

让我们以他们为榜样,不断提高自己口头表达和讲好话的能力吧!

附录　关于讲好话常见的 30 个问题

我在 UIC（北京师范大学—香港浸会大学联合国际学院）做《为什么要讲好话》讲座时，曾回答了学生们关于讲好话的 30 个疑问。在这里，我将问答分享如下（因问答较简短，所以读者如果想了解相关详细内容的话，可参看本书相关章节）：

1. 对不熟悉的人怎样夸奖？

运用"双一"原则，就是把你对陌生人的第一印象，在第一时间说出来。

具体方法可参看本书第七章第三节"九种诀窍，助你练习讲好话"。

2. 怎样赞美熟人？

要有新发现。发现每一次见面时对方的的不同点，不能重复夸奖对方以前的长处。

具体方法可参看本书第七章第三节"九种诀窍，助你练习讲好话"。

3. 怎样夸奖别人才不会显得功利？

关键看你的起心动念。有三点：真实不真实，真心不真心，认同不认同。

具体内容可参看本书第五章第三节"分不清夸奖与拍马屁，不敢夸"。

4. 如何让自己夸人夸得准？

实践，总结。实践，就是先从大胆夸人做起。刚开始夸人时肯定会有夸得不准确的地方，但夸完了可以总结。总结，就是每天把夸人的实践写下来，进行分析。怎样分析？分析什么？分析好的是什么，不足的是什么。实践，总结，再实践，再总结，就能夸准了。

具体内容可参看本书第六章第二节"准确原则"。

5. 对方不屑于回应你的夸奖，怎么办？

这并不是你夸奖对方的错，而是你没夸到点子上的错。自己总结，看问题出在哪里。不要因此灰心丧气，要坚信人人都爱被夸奖，只要看准了人性就可以夸到点子上，继续夸。

具体内容可参看本书第六章第二节"准确原则"。

6. 明明是夸别人，为什么会被误认为是拍马屁？

不是别人的"误"，是你自己的"误"。你的误区大概有三种可能：一是没有掌握实事求是的原则，二是夸人的场合不对，三是太夸张了。

具体内容可参看本书第五章第三节"分不清夸奖与拍马屁，不敢夸"。

7. 怎样把握讲好话的度？

首先要真诚，其次要在讲好话的实践中不断提高。

8. 讲好话怎样才能讲到对方的心坎上？

关键是要准确。怎样才能夸得准确呢？一搜二比三背诵，目明耳聪张口问。

具体内容可参看本书第七章第二节"找优点，怎样练"。

9. 我看不到别人的优点，该怎么夸？

不是别人没有优点，而是你缺乏发现别人优点的眼睛。当你带着放大镜去找别人的优点时，还怕找不到吗？

具体内容可参看本书第七章第二节"找优点，怎样练"。

10. 如何练习夸人的技巧？

一是敢夸，勇于实践。不怕技巧差，就怕你不开口，一开口，就会得到积极反馈，就有信心了。二是要有方法。

具体内容可参看本书第二章、第三章、第六章。

11. 别人夸自己时，自己该怎么回应？

一是说"谢谢"，二是夸对方，三是自谦，四是解释缘由，五是幽默。

具体内容可参看本书第九章第二节"微笑、感谢、自谦"。

12. 夸外在好还是夸气质好？

可以夸外在，也可以夸气质，也可以一起夸。

具体内容可参看本书第三章第一节"境界：初级、中级、高级"。

13. 如果夸错了人怎么办？

先道歉，再急中生智接着夸："您这人真有修养！我认错人了，您也不见怪"。

14. 夸人说不出口怎么办？

你提出这个问题，说明你在理智上已经知道应该夸人，但是在行动上还没有养成夸人的习惯。关键是要行动，要训练，让夸人变成习惯。怎样行动？先从家人、亲人夸起，循序渐进地夸。

具体方法可参看本书第七章第三节"九种诀窍，助你练习讲好话"。

15. 只会用短信夸，不会开口夸，怎么办？

会用短信夸，就说明你已经会夸了。有时用文字夸，效果更好，印象更深刻，可以让对方反复看，但还是要学会开口夸。关键是敏于行，就是要马上开口夸。

具体方法可参看本书第七章第一节"讲好话，怎样学"。

16. 关系好的人为什么反而难于开口夸？

这是心理误区，以为亲近的人不需要夸，其实人同此心，人人都需要别人的认可。先夸一次试试，看看效果如何。

具体内容可参看本书第五章第四节"认为亲人、好友之间用不着夸，不必夸"。

17. 有没有不该讲好话的时候？

我觉得没有。没有该不该说，只有会不会说。

18. 夸人应该是当众夸还是单独夸？

都需要。有时需要当众夸，有时需要单独夸。要具体情况具体分析。

具体内容可参看本书第三章第四节"对象：单夸、双夸、群夸"。

19. 工作面试时怎样夸面试官比较好？

知己知彼，先上网了解公司情况，然后抓住一切机会了解面试官的姓名、爱好，再找机会把对面试官的第一印象巧妙地说出来。

具体内容可参看本书第七章第二节"找优点，怎样练"。

20. 别人夸自己明显夸得不真诚，怎么办？

说"谢谢"，或者说"过奖"，但不揭穿。

21. 面对讨厌的人，怎么夸出口？

很多人之所以讨厌别人，往往是由于自己也有相似的缺点。只要调整心态，把注意力放在对方的优点上，就会发现对方的优点。如果只盯着对方的缺点看，就永远发现不了对方的优点。

具体内容可参看本书第六章第三节"纵比原则"。

22. 对方不喜欢你，还要夸吗？

要夸，通过夸，让对方喜欢你。但要夸到点子上。

具体内容可参看本书第六章第二节"准确原则"。

23. 面对不喜欢被夸的人，怎么办？

没有不喜欢被夸的人，只是你夸的方式是否适合他。

24. 一讲好话，对方觉得你有目的，怎么办？

两种情况：一是你平时不夸人，有事求人才夸，别人听出来了就会反感。改变自己求人才夸的毛病，养成不求人也夸人的习惯。（具体内容可参看本书第六章第一节"好心原则"）二是夸人的技巧不够，分寸掌握不好，就要反复练习、总结、提高。（具体内容可参看本书第六章第二节"准确原则"和第九节"三思原则"）

25. 我不爱夸人怎么办？

恭喜你！你提出"怎么办？"这个问题，说明你已经不满足于"不爱夸人"了。不爱夸人，是与人相处的弱点，一定要改，不改就会影响自己的命运。你不夸别人，别人也不夸你；你不欣赏别人，别人也不欣赏你。就这么简单。认识到这一点，你就会去行动，练习，养成夸人的习惯。一开始行动，你就知道怎么办了。

具体内容可参看本书第五章第一节"性格耿介，以直为傲，不会夸"。

26. 夸人夸多了，会不会给人留下没有原则性的印象？

没错，夸人要有度。不能不分场合地夸，不能无休止地夸，不能言过其实地夸。

具体内容可参看本书第五章第三节"分不清夸奖与拍马屁，不敢夸"。

27. 怎样夸人才能夸得自然呢？

不自然地夸，也比不夸强。先从不自然，再到自然。反复练习，夸得多了，就自然了。熟能生巧。

具体内容可参看本书第七章第一节"讲好话，怎样学"。

28. 面对两个人时怎么夸？

要找两个人之间的共同点来夸，不要顾此失彼。只夸一人可能会得罪另一人。

具体内容可参看本书第三章第四节"对象：单夸、双夸、群夸"。

29. 对关系不好的同学也要夸吗？

更要夸。看不惯别人，说明自己的气量不够大，更要改变自己。要看到对方的优点，然后夸出来，这样可以改善彼此的关系。

30. 您说了讲好话的这么多好处，但如果看到别人的错误也不批评吗？

批评，作为教育他人的手段是必不可少的，但是批评并不等于训斥，批评并不一定要"苦口"，也可以是甜的。

具体内容可参看本书第八章"变批评为夸奖的九种方法"。